浪潮式发售

[美]杰夫·沃克（Jeff Walker） ◎著
李文远 ◎译

SPM
南方出版传媒
广东人民出版社
·广州·

图书在版编目（CIP）数据

浪潮式发售 /（美）沃克著；李文远译 . —广州：广东人民出版社，2016.3

ISBN 978-7-218-10397-6

Ⅰ. ①浪… Ⅱ. ①沃… ②李… Ⅲ. ①网络营销 Ⅳ. ① F713.36

中国版本图书馆 CIP 数据核字 (2015) 第 301545 号

Launch: An Internet Millionaire's Secret Formula To Sell Almost Anything Online, Build A Business You Love, And Live The Life of Your Dreams by Jeff Walker
Copyright © 2014 by Jeff Walker
Original English language edition published by Morgan James Publishing. Copyright licensed by Waterside Productions, Inc., arranged with Andrew Nurnberg Associates International Limited.
Simplified Chinese edition Copyright © 2016 by **Grand China Publishing House**
All rights reserved.

No part of this book may be reproduced in any form without the written permission of the original Copyrights holder.

本书中文简体字版通过 **Grand China Publishing House**（**中资出版社**）授权广东人民出版社在中国大陆地区出版并独家发行。未经出版者书面许可，本书的任何部分不得以任何方式抄袭、节录或翻印。

Lang Chao Shi Fa Shou
浪潮式发售

[美] 杰夫·沃克 著　李文远 译　　版权所有　翻印必究

出 版 人：曾　莹

策　　划：中资海派
执行策划：黄　河　桂　林
责任编辑：肖风华　古海阳　张　静
特约编辑：张　艳
版式设计：王　雪
封面设计：WONDERLAND Book design 仙德 QQ:344581934

出版发行：广东人民出版社
地　　址：广州市大沙头四马路 10 号（邮政编码：510102）
电　　话：(020) 83798714（总编室）
传　　真：(020) 83780199
网　　址：http://www.gdpph.com
印　　刷：深圳市鹏发彩印包装有限公司
开　　本：787mm×1092mm　1/16
印　　张：16　字　数：192 千
版　　次：2016 年 3 月第 1 版　2016 年 3 月第 1 次印刷
定　　价：39.80 元

如发现印装质量问题，影响阅读，请与出版社 (020-83795749) 联系调换。
售书热线：(020) 83795240

权威推荐

李光斗
中国品牌第一人、中央电视台品牌顾问

互联网时代最值钱的是产品经理,有情怀的品牌更需要爆款产品。《浪潮式发售》是我继《疯传》之后,推荐给大家的又一本书!

浦 江
科学营销之父

如果产品发售公式是一扇门,那么心理学就是打开这扇门的万能钥匙。当你扣下杰夫·沃克在本书中和你分享的心理扳机,那你的营销也就开启了走心模式,你的产品发售会更具说服力和影响力。

单 仁
央视财经评论员、单仁资讯集团董事长、中国电子商务协会副会长

不想被秒杀的产品不是好营销,《浪潮式发售》是一本为那些想打造爆品、想一鸣惊人的创业者量身定制的实战手册。另外,这本书有一个显著的特点——快。互联网+时代,抓住先机才能抓住财富,作者深谙此道。

丹尼尔·亚蒙(Daniel Amen)
医学博士、畅销书《健康生活，从善待大脑开始》作者

这本书真是太棒了！它教我们如何发售产品和拓展业务，但它的作用远不止于此。本书通过前人的经验和成果，告诉我们应如何策划商业活动、如何造势以及如何为市场创造价值。假如你想大张旗鼓地向世人展示你的产品、推介业务或者策划一场活动，本书将是你的首选书目。

兰迪·盖奇(Randy Gage)
《白手创业亿万富翁的财商笔记》作者

在互联网营销领域，杰夫·沃克是名副其实的天才。在本书中，他详细描述了如何在网络上推销产品或服务才能取得成功。对致力于创业的企业家而言，这本书绝对值得一读。

丹·苏利文(Dan Sullivan)
战略辅导公司创始人兼总裁

本书取名为 Launch，的确是恰如其分，因为杰夫·沃克不仅是互联网在线产品发售的开拓者和创新者，也是在线营销行业的著名导师。杰夫所讲授的理念、理论结构、策略、工具以及流程都极为实用，它们已经帮助成千上万的互联网创业者在事业上取得了成功。对所有市场营销人员来说，本书是销售互联网产品、创造财富的必读之书。

埃本·帕甘(Eben Pagan)
热点传媒公司创始人、互联网连续创业者

花了整整4年时间，我创立的第一家企业才成长到年销售额500万美元的规模。然而，运用了杰夫·沃克的产品发售模式之后，我只用了1年时间，就在一个全新的领域实现了500万美元的销售额。杰夫给我们带来了过去100年中营销领域里最重要的一项创新。

达伦·哈迪（Darren Hardy）
《成功》杂志出版商、创办人兼总编
畅销书《每天一小步，获得大成功》作者

商业是由一系列与"发售"相关的活动构成的，例如发售新产品、启动新项目、开启合作关系等。要在商业上取得成功，你必须要掌握"发售"的秘诀。

为此，你要向"发售大师"杰夫·沃克学习。他在致富的道路上经过长期实践，已经完全掌握了产品发售的真谛。请仔细阅读本书，它是你通往财富之路的捷径。

布莱恩·库尔兹（Brian Kurz）
董事会公司执行副总裁

我在直销领域有着三十多年的从业经验，但即便如此，这本书仍然让我意识到：要成为一名卓越的营销专家和一个优秀的人，我还有许多东西需要学习。杰夫是世界上最用心的创业者之一，他的这本关于直复营销与创业精神的著作，可能是过去10年里这一领域最重要的作品。

有些人认为"发售"一词只是与网络在线营销有关，但却没有注意到直复营销过去五十多年的发展历程。还有些人认为，在当今的市场营销环境下，杰夫·沃克没有资格成为网络产品发售的权威人士。实际上，这些人都没有对这一领域给予足够的关注。无论是资深人士或者刚入行的新手，这都是一本值得一读的好书。如果你想用自己的真诚和才能把产品或服务推向世界，就请读一读这本书吧！

瑞德·特雷西（Reid Tracy）
海氏出版公司 CEO

如果你想以一种积极的方式影响和改变人们的生活，这本书绝对不容错过。这是一本伟大的商业著作，但它的作用不止于此。我打算让海氏出版公司（Hay House）的每个作家都拜读一下。

迈克尔·海厄特（Michael Hyatt）
《纽约时报》畅销书作家、PlatformUniversity.com 网站创始人

这不仅是一本书，还是打开财富之门的通行证——我承认这个说法有点夸张，却并不为过。

借助杰夫·沃克的产品发售公式我创建了一个销售额超百万美元的企业，这是我所钟爱的事业。和其他成功创业者不同的是，杰夫对成功的秘诀知无不言、言无不尽。

只要是涉及创业的方法，都能在本书中找得到，包括行之有效的策略、现实案例以及循序渐进的讲解。它不但能让你衣食无忧，还会让你疯狂地爱上这份事业。

维申·拉基亚尼（Vishen Lakhiani）
智慧谷公司创始人兼 CEO

新业务上线第一天，创业者往往紧张又焦虑。但自从我们按照杰夫·沃克的理念开拓业务后，这些"产品发售日"变成了欢庆和成功的时刻，销售额也大幅度提高，因为我们在产品上市的第一天就极大地拉动了客户需求。

产品的首日销售超出所有人的预期，它不但给我们带来了数百万美元的额外增长，而且大幅度提升了公司市值。

乔·波利希（Joe Polish）与迪恩·杰克逊（Dean Jackson）
"我爱营销"网站创始人

这不仅是一本书，还是一个可以改变你和你家庭未来收入的秘方和蓝图。它把产品发售公式分解成若干部分，教你从零起步，从最基本的产品发售学起，一直到规模庞大的联营式发售模式，最终，你将学会如何在短短几天内赚取上百万美元。

当然，这个过程要花费些功夫，但只要你按流程着手去做，几乎马上就可以把产品卖出去，并且使业务保持持续上升的势头。只要遵循杰夫的产品发售公式，你追求成功的梦想将越来越接近现实。

所以，去购买杰夫的这本著作吧！别忘了，他可是在1个小时内实现百万美元销售额的人。我们两人是本书的忠实拥趸，因为它不但能改变一家公司的业务模式，而且能改变一个人的人生。

克里斯蒂安·米克尔森（Christian Mickelson）
CoachesWithClients.com网站CEO

本书不仅适用于那些想在极短时间内通过开展业务获取巨额财富的人，更适用于那些希望享受完美生活、做他们与生俱来想做的事、有志为世人服务的人。我强烈推荐这本书给大家。如果你想在互联网营销行业一鸣惊人并获得巨额财富的话，不妨细细品味此书。

埃里克·瓦格纳（Eric Wagner）
"大智慧学院"网站创始人兼CEO
《福布斯》杂志撰稿人

哇！杰夫·沃克是个了不起的人！他是产品发售领域的翘楚。相信我，如果你想发售产品、启动某项业务甚至是推出一本书，你最好马上拿起这本书，好好读一读！我保证你不会为这个决定感到后悔。

JB·格罗辛格（JB Glossinger）
MorningCoach.com 网站创始人

如果要我用一个词语来形容杰夫·沃克和本书，那就是"影响力"。如果你想给自己的企业、家庭或人生带来巨大的积极影响，那么本书就是一本必读书。赶紧去抢购一本吧，千万别犹豫。在杰夫·沃克的帮助下，你会对身边的人产生巨大影响。

詹尼特·布雷·阿特伍德（Janet Bray Attwood）
畅销书《激情试验》合著者

在互联网营销的早期发展阶段，网络上简直乌烟瘴气、混乱不堪。我们都知道，通过互联网，我们可以接触到全世界的消费者，这是一项前无古人的举措。但是，我们缺少一种可以向消费者推介新产品并最终完成交易的简洁且巧妙的方式。

就在这种情况下，杰夫·沃克横空出世。他精通传统的直销模式，又是第一批看到互联网潜力的人，这让他在这一领域独具优势。前一阵子，他向我讲解了产品发售的理念，他的讲解让人觉得好像打开了一封极具鼓动性的促销信。首先，他充分运用这项新技术来吸引潜在客户，把他们的欲求推向极致，然后经过教育、分享、举例这一漫长过程，让潜在客户为他的承诺而疯狂，从而使他们的人生发生翻天覆地的改变。

一个又一个事实证明，被杰夫完善后的产品发售公式比其他网络在线营销理论更能让我们受益。该流程不但让人印象深刻，而且非常有趣、简易可行。杰夫为未来几代人定义了在线产品发售的方式。

保罗·迈尔斯（Paul Myers）
TalkBizNews.com 网站出版商

我与杰夫·沃克相识多年，对他的经商方式了如指掌。他极其注重价值创造，而这正是本书的主旨。在本书中，他向广大读者提供了一种经过实践验证的产品发售流程及创业方式。凭借丰富的经验，杰夫以巨大的热忱和谦逊的态度对读者循循善诱。他的策略是具有革命性的，而且非常有效。

J.J. 维尔金（J.J. Virgin）
《纽约时报》畅销书《维尔金食谱》作者

我很幸运，能花一天时间待在一间小会议室里，和几十位观众一起聆听杰夫·沃克的教导。他足足讲了9个小时，但会议室里的所有人都听得津津有味，坐在椅子上一动不动。在本书中，读者不但可以学到杰夫在那天教给我的方法，而且还会收获更多。这是本年度最优秀的商业书籍。我已经自掏腰包，给我的企业导师学员们各买了一本，以作学习之用。

保罗·迈尔斯（Paul Myers）
TalkBizNews.com 网站出版商

长久以来，杰夫很善于制造惊喜，本书也不例外。书中充满了现实生活的案例研究、实用且循序渐进的建议，以及只有亲身经历才会拥有的深刻见解。这可能是一本你在本年度读到的最具价值的书。

鲍勃·内根（Bob Negen）**与苏珊·内根**（Susan Negen）
英杰培训（Whizbang Training）**公司创始人**

我们完全被这本书所折服，因为在过去的4年里，借助杰夫·沃克的产品发售策略，我们实现了上千万美元收益的目标，却没有付出太多成本。随着业务不断扩张，我们能够在市场中扮演更重要的角色，并强化我们对全球客户的积极影响力。

索妮娅·西蒙尼（Sonia Simone）
复制博客传媒公司（Copyblogger Media）联合创始人

我读过许多市场营销和商业类书籍，大部分都是花近300页的篇幅阐述一个中心思想。这本书则有所不同，它是一本严谨、实用、全面的操作指南，创业者可以在日常业务中运用这些知识。如果你想了解如何通过互联网创业或者如何在网络上找到更多客户，一书将让你得偿所愿。

瓦莱丽·杨（Valerie Young）
ChangingCourse.com 网站创办人

很多人过着朝九晚五和经常加班的悲催生活，对于想摆脱这种生活的人而言，杰夫·沃克就是他们的救星。许多书籍声称能告诉读者成功的秘诀，但真正做到这一点的只有本书。如果你希望把对爱犬、体育运动、健康以及其他任何事物的热情转变为网络业务，并通过这种业务来养家糊口和滋润灵魂，那就好好读一下这本书吧。

玛丽·弗里奥（Marie Forleo）
B-School 创办人
网络电视 MarieForleo.com 获奖节目 MarieTV 主持人

当今社会，要想成为一名成功的市场营销人员，并不需要太多技巧或工具，只需要巧妙的策略，这正是杰夫·沃克在本书里要教给你的重要知识。

大卫·巴赫（David Bach）
《纽约时报》畅销书排行榜九度上榜作家
"致富"（FinishRich）系列图书作者

  人们信任杰夫·沃克，因为他多年来一直活跃在网络营销的最前沿，借助他的产品发售公式取得了不俗的成绩。现在，他对这套方法加以提炼成这本书，让广大读者学习、实践并开创自己的业务。他把复杂的东西变得如此简单，对我们这些作家而言简直有点"不公平"。我要用这本书所教的方法来发表我的新书。杰夫·沃克已经给我们描绘了一幅美好的蓝图，我打算借用一下。

雷·爱德华兹（Ray Edwards）
RayEdwards.com 网站创始人兼发行人

  如果让我推荐一本关于如何开拓和提升在线业务的书，这本书将是我的唯一选择。

名家 | 推荐

产品发售公式缔造者杰夫·沃克，如何在 24 小时内赚 100 万美元？

科学营销之父

浦 江

如果你对号称百万富翁制造者的罗伯特·艾伦，已经在中西方营销界传为美谈的"如何在 24 小时内赚 10 万美元"的故事早已耳熟能详，那么《浪潮式发售》一书的作者杰夫·沃克——产品发售公式的缔造者，"如何在 24 小时内赚 100 万美元"甚至是"如何在 1 个小时内赚 100 万美元"的产品发售秘诀，只会让你血脉贲张地羡慕嫉妒恨！

正是这套基于价值给予和关系变现的赚钱技术，经过 10 多年的不断升级，最终演化成为杰夫·沃克革命性的标志产品——产品发售公式。杰夫从发布股市分析的时事资讯，到发布产品发售公式 1.0、2.0、2.1……，他的产品发售策略已经用到了互联网行业最成功的 6 次产品发售活动中，包括约翰·里斯的《流量密码》、弗兰克·科恩的《群体控制》、杰森·波塔什的《文章播音员》、瑞奇·斯车佛仁的《精英培训俱乐部》、布拉德·法伦和安迪·杰肯的 StomperNet，还有雅尼克·席福的 Underground Online。

StomperNet，还有雅尼克·席福的 Underground Online。

据福布斯英文网站 2014 年的报道，杰夫和他的学员正是运用这本书中和你分享的产品发售技术，缔造了 5 亿美元的商业帝国！你知道，罗马并不是一天建成的。对于杰夫来说，这一切都始于 1996 年他做出的一个任性而艰难的决定：因为感觉格格不入而辞去摩托罗拉产品分析师的工作，但是他仅仅只有 400 美元的可支配收入，并且他还有 2 个孩子。同时，他的妻子除了一份薪水不高的工作之外，还有一份兼职。然而，这并不妨碍你续写杰夫正在创造的营销传奇……

既然杰夫的产品发售策略如此神奇，那么问题就来了：我如何在最短的时间内用最少的文字让你最大程度的领略如此神奇的赚钱技术？显然，我摊上难事了。虽然与杰夫·沃克最初结缘于 2009 年他的产品发售公式，后来在 2014 年 7 月底收到他的电子邮件，知晓《浪潮式发售》英文原版的面市消息，在长达一个月的远涉重洋之后，终于目睹原著真容。

时至今日，恰好一年，《浪潮式发售》中文版竟然如此神速地登陆中国，这不得不说是中国营销界和企业界的幸事和福音。出版社邀我作序，再次相遇，不禁感叹：相见恨晚，奈何情深！心知在只言片语间，描绘的也只是产品发售技术的冰山一角，那我就简明扼要、提纲挈领，权当抛砖引玉之用。

产品发售的宏观概览

产品发售从宏观上说就是：**以客户数据库中的目标客户名单为对象，通过"预售→发售→追售"的销售流程，在短期（通常是 1～7 天）内，**

额大小与变现能力，通常取决于：预售期给予目标客户的价值大小以及他们对价值的感知度，发售者与客户数据库中目标客户名单的关系强弱与信任度。

产品发售从微观上讲，站在科学营销操作系统的高度，为了你能够取得发生于购物车与数据库之间的产品发售成功，你不仅需要对购物车的价值分布体系和利润布局体系进行合理设置，同时你还需要通过抓潜把来自不同营销渠道的流量转化为客户数据库的目标客户名单。

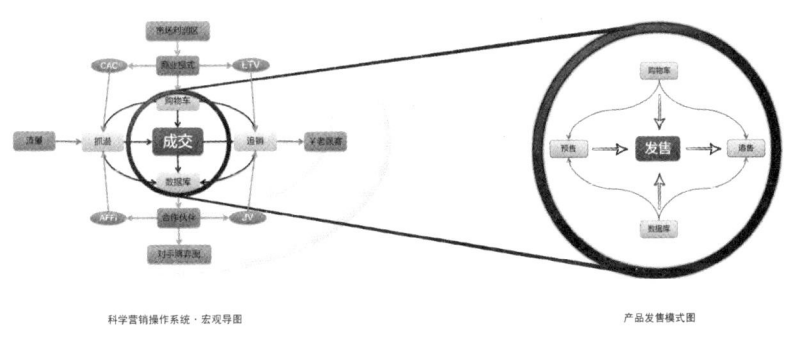

图 I　产品发售的宏观概览

当你把科学营销中的"抓潜→成交→追销"这个销售流程中的成交环节，进一步解剖细化成为"预售→发售→追售"时，在预售期，你需要对客户数据库名单中的目标客户集中贡献和给予大量的价值，以此化解成交的最大抗拒点——怀疑，来建立、强化和巩固彼此之间的信任关系。不仅如此，预售期的价值给予还能最大程度的激活和激发目标客户内心对产品的饥渴和欲望。

这样在产品的发售期，目标客户可以通过购买释放预售期累积的刚需，而你则通过爆破式成交实现客户关系短期内的快速变现。一言以蔽之,在产品发售中,关系变现最快的方式就是价值给予。

如何打造无法抗拒的成交主张

成交主张就是为了解决你可以为客户贡献什么价值,客户要付出什么,客户怎么做才能获得这些价值,以及客户接受和响应你的主张之后你如何兑现价值的问题。

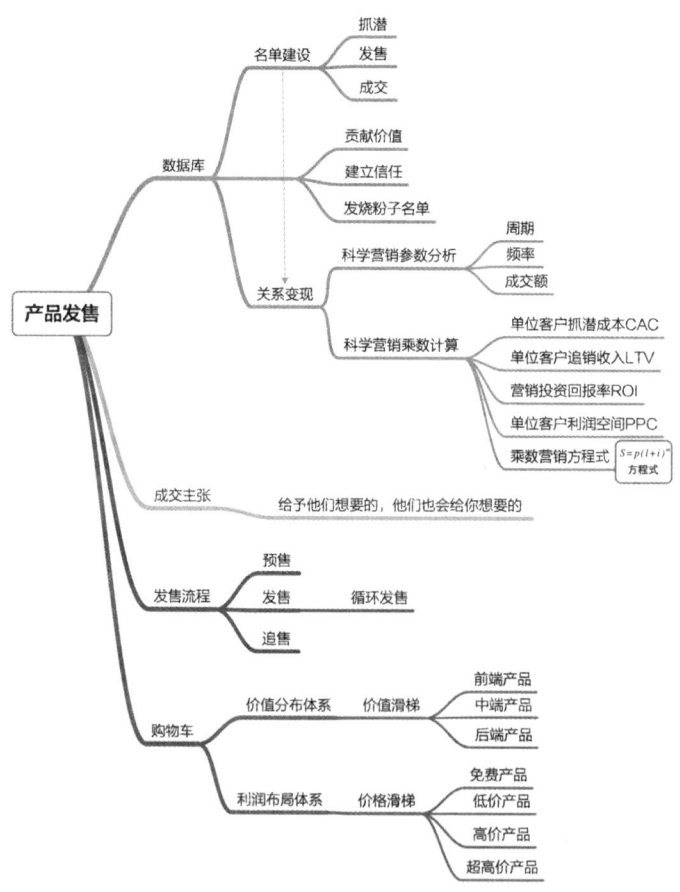

图 II 产品发售策略

文案为王，主张为后。成交主张永远是科学营销中权重最高的部分，没有之一。成交主张从根本上决定了你的广告文案（销售信）说服力的强弱和销售力的大小。无法抗拒的成交主张只会让你的产品发售锦上添花，糟糕透顶的成交主张只会对你的产品发售落井下石。

心理学——开启走心模式的万能钥匙

如果科学营销是一扇门，那么，心理学就是打开这扇门的万能钥匙。不论是社会心理学，还是生物心理学。把心理学原理应用到市场营销上来，当你扣下杰夫·沃克在本书中和你分享的心理扳机，那你的营销也就开启了走心模式，你的产品发售一定会更有说服力和影响力。

因为科学营销只能告诉你，你需要用什么窗口来传播你的什么声音、传递你的什么价值；广告文案则是告诉你，你需要用什么语言向什么人说什么话，以及要求对方做什么、怎么做，而背后你都需要心理学来解释为什么。显然，杰夫·沃克的这本书，不仅让你知道要做什么、怎么做（知其然），同时也让你知其所以然。

产品发售的 W 形成交曲线

根据杰夫·沃克的经验，通常来说，在典型的为期 7 天的产品发售中，第 1 个小时将会贡献总销量的 25%，而总销量的 50% 也会在发售后的 24 小时内发生。发售期的第 2、3、4 天中，销量会俯冲下行，当你新增内容或提供赠品时，销量会再次上扬，最后一天的销量受截止日期的刺激，会和发售后的头 24 小时的销量旗鼓相当。

但是要在产品发售期勾画出如此优美的 W 形成交曲线,你必须在产品预售期优雅地走出每一步。那你如何才能走出如此优雅的步伐呢?

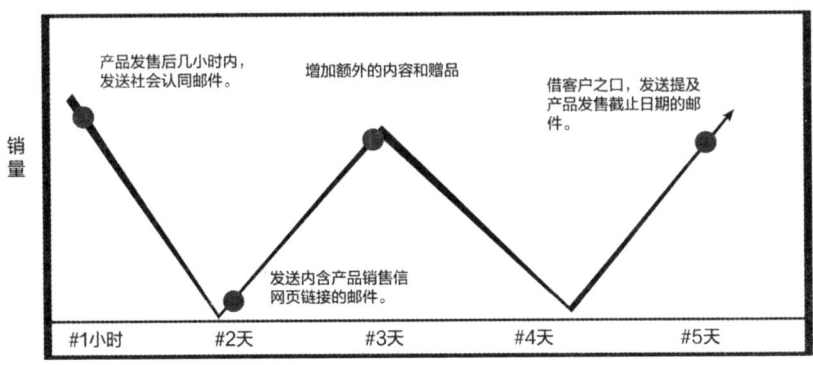

图 III 产品发售的 W 形成交曲线

很简单,你要做的就是对产品销售信做幻灯片式的切割,然后在你的产品发售流程中,分期分阶段、有步骤有节奏的进行放映。很显然,要做到这一点,你不仅要精通销售信写作,还要谙熟销售信解剖学。

书山有路学为径,商海无涯勤作舟

此时此刻,我想和你分享安东尼·罗宾的三句话,权作借花献佛,助你在本书中早日找到照亮你泛舟商海的阿拉丁神灯。

- 找到已经获得你想要的结果的那个人。
- 找出这个人正在做什么。
- 和他做同样的事情,你会得到同样的结果。

安东尼·罗宾这三句话言简意赅，深得"书山有路学为径"的学法精髓，那"商海无涯勤作舟"的勤法又该当如何？我也和你分享我的三句话：

- 你必须要聚焦于自己的思想和目标。
- 你必须要不断重复大量的行动才能得到你想要的任何东西。
- 你一定要保证你的行动能够为别人创造和贡献价值。

如有缘分，他日我们必然相见。

浦江

谨以此书献给我的妻子玛丽，还有我那两个可爱的孩子，丹尼尔和琼。在这趟疯狂的创作旅程中，感谢你们一直伴我左右，并且给予我无尽的支持。我全心全意地爱着你们！

目录

前 言　如果苹果公司为你开新品发布会　1

第1章　从家庭"煮夫"到互联网营销"教父"　5

昏暗的地下室，嗷嗷待哺的婴孩，直到深夜才结束工作回家的疲惫妻子。面对生活的欺压，家庭"煮夫"沃克只能忍气吞声，但是，就这么轻易接受如此憋屈的人生？

如何做到"时薪"8 000美元？　8
互联网+传统企业＝流奶与蜜之地　9
重塑在线销售模式：产品发售公式　12
我已经赚够了，你呢？　18

第2章　从吃救济粮到收入六位数　21

约翰向父亲借了启动资金，订购了1 500套棋盘游戏。然而，希望大施拳脚的约翰，再次被生活施以拳脚：现在他不但被失败困扰，还被失败的产品所围绕。然后，就这么结束了？

荒野求生：55倍增长比"希望"更能填饱肚子　24
"误入"商界乌托邦　26
为什么有些人努力1分，却可以有100分的收获　29
像好莱坞大片一样卖东西　31
三个步骤，让你创业一次就成功　34

I

第3章 | 打造你的专属印钞机　39

沃克计划三个月后搬家，这样他就能卖掉旧房子，凑够买新房子的钱款，但梦寐以求的新房子不赶快下决定就会被别人买走。那么，沃克要怎么快速"变"出足够多的现金？

核心策略：创建客户名单　42
还在地毯式轰炸？！　45
借力云存储，"吸粉"事半功倍　47
粮草先行：名单撷取页上线　50
"贿赂"潜在客户　52
这样做SEO，流量滚滚来　57

第4章 | 如何不露痕迹地推销：翻页式促销信　61

职业杂技演员巴里是杂技圈里的大明星。而一场事故中，巴里的肩膀和锁骨骨折，病愈后的巴里显然不能再靠杂技为生，即将穷困潦倒的巴里如何重新找到财富之门？

当对话取代独白　63
言辞咄咄不如含情脉脉　66
说一半，藏一半　70
图穷匕见，亮明销售重点　72

第5章 | 客户为什么购买：施加"咒语"　75

为什么美国人喜欢在家门前种植一片草坪？为什么任何宗教都有其传承千年而不变的仪式？为什么乱成一团的车辆会听从手握电筒的路人的指挥？

九种心理诱因"套牢"客户　77
分层与排序：$1×9>9$　86

第 6 章　为什么 iPhone 一上市就遭哄抢：造势　89

如何吸引潜在客户的注意？如何与他们展开对话？如何知道人们喜欢／不喜欢自家产品的原因？如何让客户在你开口之前就掏出腰包？

好奇心就像一个钩子　91
"你可以帮我这个忙吗？"　94
信不信由你，我穿着浴袍挣了 11 万美元　100

第 7 章　客户需要什么，我就卖什么：预售序列　103

从一毕业就失业的无业游民，到网球史上最成功男子双打组合——布莱恩兄弟的合作伙伴，威尔只花了不到一年时间，而且他们的第一次合作就让他赚足 45 万美元，他是如何做到的？

从"快来买我的产品"到"我要买你的产品"　106
循序渐进：预售三部曲　106
优秀预售序列的关键：创造价值　109

第 8 章　三，二，一，发售！　121

为什么商场打折总是喊"最后一天"？折扣在最后一天的诱惑是前面几天的多少倍？
什么额度的折扣对客户来说最有吸引力？除了利益诱惑，还有哪些途径能够有效掀起抢购风潮？

宇宙飞船发射前的十秒　125
善用稀缺心理学，掀起抢购狂潮　127
利益"恐吓"　130
当突发事件降临　133

第9章　如何白手起家：种子式发售　139

塔拉既没有可以赚钱的产品，也没有直通客户的渠道，但她依然希望可以自己当老板。幸运的是，塔拉梦想成真了，她到底是如何做到"一步登天"的？

连点子都没有也可以谈创业？　141
产品未问世，销售已达成　143
锁定客户中的积极分子　147
步步为"赢"，但保持矜持与优雅　150
从一颗种子到一座森林　153

第10章　如何在一小时内赚到百万美元：联营式发售　155

同样一份客户名单，为什么在有些人手里能产生数十万美元的利润，在另一些人手里却只能成为废纸一张？
同样一封促销邮件，为什么有些客户会满怀期待地点开，有些客户会置之不理甚至将其列入"拒收"名单？

首先找到联营伙伴　158
打开保险：内部试水降低风险　162
99/1 法则　164
1 秒进账 12 000 美元　166

第11章　产品发售公式 2.0 版：企业创建公式　169

如果业务被突如其来的不可抗力因素重创，你要如何改变经营策略？
当世界性的经济灾难危及你的整个业务，你该如何应对？你的业务"安身立命"的最本质东西是什么？

如何快、好、省地成立一家企业　173
企业创建公式的六个关键点　178

第12章 互联网创业逻辑：只赚"喜欢"赚的钱　183

两场规模相同，演讲主题一致的会议，为什么第一场赢得了观众如潮掌声和热情提问，第二场却被认为"沉闷无聊"？

你为什么创业？　185
你最想为谁服务？　185
你的后背可以交给谁？　187
选择即失去，留心你的机会成本　190
试试与竞争对手合作　191

第13章 除了事业，人生也需要经营　195

创业之路虽然精彩但难免遭遇坎坷，勇敢的创业者要如何调节，才能不让生活和家庭随着事业的起伏而风雨飘摇？

拒绝朝九晚五，我要睡到自然醒　197
在过上理想生活之前，你要敢"想"　198
创业者的安全感　200
摆正心态：有波折，才会有浪花　202
做你最擅长的事　203
赠人玫瑰：互联网时代离不开共享　206

第14章 出发，什么时候都不晚　211

2005年，沃克推出产品发售公式之后不久，美国营销界断言"产品发售公式太强大了，强大到足以摧毁它自己"。10年后，沃克用5亿美元的销量回击对方"我的死亡被夸大了"！

谣言粉碎机：产品发售公式之死　212
少有人走的路　215

致　谢　219　　术语汇总　223

前言

如果苹果公司为你开新品发布会

这是一本快速创业指南。无论你已是企业老板,还是即将成为企业老板,这本书都可以让你获取更强大的发展动力。

想象一下,假如你可以像苹果公司或者好莱坞影业巨头那样发售产品,将会是怎样一番情形?假如你的潜在客户天天迫切期待着你的产品上市,又会是怎样的景象?倘若你在市场中建立了难以撼动的地位,并且几乎消灭了所有竞争对手,结果又会怎样?如果你在企业规模不大、财政预算也不高的情况下做到了上述三点,那该是多么令人激动的事情!

如果你愿意的话,我可以教给你一套流程或者说公式,它可以帮助你实现上述目标。在过去的18年中,我创造了这个公式并一直在完善它。本书中,我要和大家一起分享它。

本书没有高深的理论,我要教你的东西都源自真实的案例。我一直在检验这个公式的合理性,经过不断的尝试和失败,我积累了来之不易的经验并最终完善了它。

我亲自发售过几十次产品，并取得了巨大成功，但这些都不足以说明我是一个怎样的人，也不足以成为我自夸的资本。我曾帮助我的学员和客户组织过几百次的产品发售活动，我是这些活动的策划者和监督者。

我非常注重案例教学，所以在本书中，你将会认识我的一些学员。你会发现，我的所有案例都不是凭空想象的。我读过的许多商业书籍都是用虚构的案例来解释其理论，那种情况不会出现在本书中。

我告诉你的案例都是真人真事。此外，你可以登录与本书一起推出的会员网站 http://thelaunchbook.com/member，以获取更多相关音频和视频案例研究。另外，我还在网站上分享了一些培训资源。

言归正传，让我来谈一谈我的学员。我承认，这些学员让我津津乐道，我为他们的成功欢呼雀跃。之所以这样，不仅因为这种做法具有教育意义，还因为他们是我心目中的英雄。我一直认为，创业者是人类的未来。他们是人类进步的驱动力，他们创造了就业机会，并且为这个世界带来了真正的财富。这正是我对自己的事业充满激情的原因之一，因为我的工作就是帮助这些创业者或准创业者。

我还认为，我们正处于人类历史上最伟大的时代，这个时代崇尚创业精神，并为创业者的成长提供无数机会。创立企业从来不是一件容易的事，让企业顺利发展更是难上加难。如今，我们能够在全球寻找那些适合企业发展的利基市场，这种机遇前所未有。譬如说，我的第一单生意就立足于一个非常小众的利基市场，我在位于科罗拉多州的地下室，把产品卖给了一个瑞士人。

那可不是一件容易做到的事。正如人类的任何一项成就一样，创业离不开大量艰苦卓绝的工作。本书不是所谓的快速致富经，但书中所述的公式已经一次次被事实证明，它是快速发售产品或快速创业的路线图。毕竟，如果人们想把某种体系应用到工作当中，当然希望它已经经过实践的检验和证明。

通过这个产品发售公式，我取得了惊人的成果。刚开始创业时，我只是业界的无名小卒，历尽艰苦，终于有所成就。如今，我的产品销售额已经达到数千万美元，然而我的学员和客户取得的成就让我相形见绌，他们的产品和服务的总销售额已经高达数亿美元。

更有趣的是，当蓦然回首，我发现这一切都是在偶然中发生的。我创业的目的不是重塑市场，也不是成为行业领导者。实际上，在刚开始的时候，我个人的产品销售业绩为零，也没有任何市场营销经验。不过，从很大程度上来说，这或许正是我取得成功的原因。

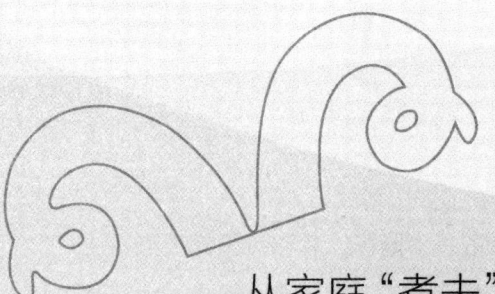

第1章
从家庭"煮夫"到互联网营销"教父"

昏暗的地下室,嗷嗷待哺的婴孩,直到深夜才结束工作回家的疲惫妻子。面对生活的欺压,家庭"煮夫"沃克只能忍气吞声,但是,就这么轻易接受如此憋屈的人生?

当时，我所要做的只是轻轻点击一下鼠标。我们每天都要点击成百上千次鼠标，但对我而言，那次事关重大，于是我犹豫了。我的手指悬停在鼠标键上，一直不敢按下去。5秒过去了，10秒过去了，我仍然踌躇不决。实际上，我的内心充满了恐惧，因为几个月以来的精心筹划、多年来的希望和梦想都寄托在这上面，这种感觉就像是我和家人的未来命悬一线。

当时我并不知道，那一次鼠标点击会引发一系列事件，而这些事件将改变互联网营销和网络业务的面貌。那天，我走进灯光昏暗的地下室，坐在角落里那张我亲手制作的书桌旁。当我打开电脑的时候，心里只是想着多赚点外快好补贴家用，除此之外，我并没有什么宏图大计。当时，我用的是一台快要报废的、需要拨号才能连接网络的破旧电脑，而且我已经七年多没上过班了。我的事业就在这么窘迫的处境下起步了。

我之所以犹豫再三没有点击鼠标，原因可以归纳为四个字：走投无路。我迫切需要改变。我要成功！我要挣钱！我要彻底扭转我失败的人生！为了这一刻，我已经等了很久，也做足了准备工作。

在这人生转变之旅即将开启时，我的妻子玛丽从正门走进来，她眼里噙着泪水，这一幕让我刻骨铭心。那天是工作日，她中途请假回家。她站在我面前抽泣，诉说着养家糊口的艰难。每天清晨，在两个小孩起床之前，玛丽就要匆匆忙忙离家去上班，而她晚上下班回家后又要哄孩子上床睡觉。她说她再也无法忍受这样的生活。

此前，我一直在家带孩子，按现在的说法，我就是典型的家庭煮夫，在当时人们把这种角色称为全职奶爸。和现在相比，当时那种男人不太受人待见。多年以前，我是一家公司的管理者，负责公司的日常运营工作。在大多数人眼里，这是一份很有前途的工作，但我却辞职不干了。

我的个性与职场格格不入，根本不适合在公司发展，因为我无法理解办公室政治，而且每当我努力要把事情做好时，总觉得自己像条溯流而上、苦苦挣扎的鱼。我认为自己完全不适合当一名上班族，所以，在儿子一岁左右，我妻子从科罗拉多大学毕业，并在美国垦务局谋得一份工作时，我中断了自己的职业生涯。

辞职时，我并没有长远的规划，也不知道下一步要做什么。我只知道自己再也不能在公司里继续混日子。

全职奶爸的生涯之长，完全超出我的预料。我和玛丽很快有了第二个孩子，这意味着我要在家里照顾两个小孩。过来人都知道，带孩子这种活儿能让人忙得不可开交。我需要改变，我要找到养家糊口的办法，好让玛丽松口气，释放即将摧毁我们整个家庭的重压。

以上正是点击那一下鼠标的全部意义所在，它关系着我们生活，以及一个全新的、更加美好的未来。因为只要轻点鼠标，我就能发售一款产品，启动一项业务，然后收入就会滚滚而来，我们整个家庭的命运会自此改变。但我从未料到这个简单的动作会改变世界。

如何做到"时薪"8 000美元?

我最终下定决心,点下了鼠标,那一刻真是激动人心,就像一脚踩在保时捷911双涡轮增压跑车的油门上。点下鼠标后,一封电子邮件从我的电脑发送出去,目的地是威斯康星州格林湾市郊的一台服务器。这台服务器随后会把邮件群发给那些订阅过我的人。几秒钟之内,那封群发的电子邮件进入了订阅者的收件箱。

邮件的内容十分简单,不到50个英文单词,但邮件末尾有一个链接,只要点击这个链接就可以打开我的网站,里面有一张订货单,上面列着我最近推出的产品。这个所谓的产品其实是一份内容扼要的电子报纸,主要介绍股市概况以及我对近期股市的展望(更确切地说,直到那个时候,我还没有把产品开发出来,这一点我会在稍后谈到"种子式发售"时再详细论述)。

虽然发送邮件只要几秒钟就可以完成,但每次点击"发送"按钮之后,每一秒钟都会过得很慢,就像时间静止了似的。在整个过程中,我感觉自己屏住呼吸,我想知道会有人购买我的产品吗?

30秒后,我满怀希望地查阅邮箱,没人下单。

40秒后,没人下单。

50秒后,依旧没人下单。

59秒后,第一单生意来了!

几秒钟过后,又一张订单过来了。然后第三张、第四张订单接踵而至。紧接着又来三张订单。每次我点击"刷新"按钮时,都会收到更多订单。

在一个小时内,我的总销售额已经达到8 000美元。一天下来,销售额突破18 000美元。截至周末,我这款微不足道的小产品已经为我赚了超过 34 000 美元，这几乎是我做上班族时一整年的工资。

正是依靠这次产品发售，玛丽得以回归家庭。这不是我第一次发售产品（我会在后面跟你聊一下这段不可思议的故事），但这次经历之后，我更加坚信自己可以靠这个刚起步的小生意养家糊口。几个月后，玛丽辞掉工作回到家里。我们欣喜若狂，甚至开玩笑说她"提前退休"了。然而事实并非如此，因为她除了要做全职妈妈，还要帮我管理业务。

众所周知，钱是一个有趣的东西。对某些人而言，34 000 美元是一笔巨大的收入，一个令人难以置信的数字（对我来说，这笔钱足以改变我的生活），但对另外一些人来说，这笔钱还远不值得兴奋。无论你属于哪一类人，我在本书中都将为你呈现让你吃惊的结果。

而当时，在昏暗的地下室，我根本不知道自己会取得怎样的结果，但生意就这样起步了。不知不觉中，我创造了一种足以改变成千上万人生活的新鲜事物。

互联网＋传统企业＝流奶与蜜之地

开门见山地说，这可不是一本快速致富经。确实，我要与你分享的东西曾给我和我的许多学员带来惊人的财富，让我们衣食无忧，但这些金钱、财富和影响力并不是在一夜之间突然出现的，我们不是在变魔术。在这些惊人的成功背后，其实有方法可循，如果你愿意的话，我们不妨把这个方法称为"公式"。这本书要做的，就是为你揭开成功背后的秘密，告诉你公式的内容。

同时，我要向你展示一个鲜为人知的世界。在这个世界里，普通人也可以创立非凡的企业。而且，在创业时，我们几乎不需要投入任何资金，只坐在自家客厅里或餐桌旁就能开展业务，并在很短的时间内让刚刚成立的企业盈利。

我还会向你介绍一些人。这些人已经拥有自己的企业，而当他们将这个公式运用于销售业务上时，销量实现了惊人的增长。

如今，有些初创的高科技企业心怀大志，它们招揽了大批狂热的电脑程序员，他们每天工作20小时，并渴望得到某些风险投资者的"资助"，然后以1亿美元把企业卖给谷歌公司。然而，更有可能的是，这些企业半路夭折，在凄凉中走向破产。如果你也走在这条路上，我只能祝你好运，显然这本书并不适合你。

我要探讨的是如何创立企业（或完善现有企业），并帮助它们一成立就赚钱。这样的企业开销很低，启动成本也不高，不需要太多员工，甚至根本不需要员工，但它利润丰厚，并且可以让你更灵活地支配自己的人生。

最后一点，也是非常重要的一点：这样的企业能为这个世界创造巨大的价值，能让你在各个层面造福他人。我知道，这听起来就像《圣经》里所说的流奶与蜜之地，一切美好和谐得不像是真的。实际上，如果不是一次次亲眼见证，我也不会相信。

现实情况是这样：互联网已经彻底改变了游戏规则，那些希望拥有自主业务的人迎来了属于自己的好时代。如今，创立和经营一家企业比以往任何时候都更容易、更快捷、更低成本。而如果你已经拥有了一家企业，互联网能让你变得更强大，以更快、更便捷的方式扩大现有业务。

以上这番话是我对自己亲身经历的总结。1996年是互联网的启蒙时代，而我刚好在这一年创立了自己的第一家在线企业，从那时起，我每年都能大赚一笔。我见证过互联网泡沫破灭，也遭遇了经济大萧条时期，还经历了谷歌搜索引擎的升级换代。我把产品卖到了四个完全不同的市场，销售额达数千万美元。在这个过程中，我还培育出上千名互联网创业者。我的学员和客户创造的销售额已达到5亿美元。

我不是一个喜欢自吹自擂之人，但毫不夸张地说，我是业界公认的顶尖互联网营销专家和领导者（我尽量避免用"大师"这个词，但的确有人称我为"营销大师"）。在书中，你会慢慢了解到，我的营销才能并非与生俱来。在我的第一笔在线业务创立之前，我从来没有经营过任何企业，更别说任何销售和营销技巧之类的培训。在我小时候，当地小孩每年都要推销袋装的甜甜圈，把赚来的钱捐给童子军募捐会，而我每次都只能卖出一小袋（那袋甜甜圈还是我父母出钱买的）。事实上，我一直都是当年那个卖不出甜甜圈的小男孩。

毫无疑问，当今世界正处于重大转型中。短短数年间，人们的交流方式和日常生活方式已经发生了明显变化，我们所生活的世界也变得更加透明。在这个世界里，消费者之间已实现无缝对接，他们可以轻易获取彼此对数百个同类商品的评价。卖家为了获得潜在顾客的关注，竞争力度日益加大。用于迷惑竞争对手的营销战术也日新月异，而消费者越来越重视商品和企业的真实性和一致性。

商业规则和市场营销规则的改变，导致许多企业轰然倒塌，但对于成千上万的新兴企业而言，变化带来了巨大的机遇。如果你能理解这种全新的竞争环境，那么，从各方面来讲，抓住潜在客户的注意力并与之建立合作关系，就变成一件再容易不过的事情。这正是本书所要论述的内容。

所以，假如你正处于事业转型期，极其渴望创建一家企业；或者你是一家大型企业的部门主管；或者你是个体户或服务行业人员（例如律师、按摩师、占星专家等），但已经厌倦了这种按小时收费的混

乱生活；或者你已经是一家网络销售企业的老板，但公司业务始终徘徊不前，你需要新的活力；又或者你是一名艺术家（例如画家、作家、珠宝匠、发片歌手等），正为获得赏识而在这个人潮涌动的数码时代苦苦挣扎……

那么，你就需要学会发售产品。每一款大卖的产品、每一家成功的企业、每一个知名的品牌，都离不开成功的发售活动。一旦产品推出太晚，就会被别人抢得先机，后果将不堪设想。你要为企业注入动力和现金流，因为这是每家成功企业的命脉。

重塑在线销售模式，产品发售公式

赚了那34 000美元后，玛丽辞去了工作在家休息，而我的生意越做越顺利，产品发售一次比一次成功，效果也越来越好。那段时间，最成功的一次产品发售活动帮我在7天内赚了大约106 000美元，而这一切都是在家里完成的，没有聘请任何员工，发售成本几乎为零。

那几年，我们过着平静的日子。我的业务不断带给我们惊喜，我很喜欢这门生意，也深爱着我的妻子。我赚到的钱超乎想象得多，那些钱让玛丽可以在家里带孩子，让我们得以搬家到科罗拉多州的杜兰戈市（那是我梦中的故乡，我可以在这里进行各种各样的户外运动，山地骑行、激流皮划艇、滑雪等）。

然而，我在2003年2月到得克萨斯州达拉斯市参加一个互联网市场营销论坛活动后，一切都改变了。在达拉斯机场下飞机的那一刻，我并没有意识到自己的生意有多么特别。

我当时以为，肯定有很多人和我一样，用同样的产品发售方式在互联网上做生意，我的成功对其他人而言可能微不足道，我不知道这种单打独斗的、7天挣到数十万美元的小生意可以引起人们的关注。

在接下来的3天,我在那个营销论坛上结识了不少新朋友,甚至有几段稳固的友谊一直维持到今天。在和他们交流的过程中,我开始意识到,我是独一无二的,并没有其他人在做我正在做的事情。因此,他们更不会用我的方式发售产品,当然也没有取得与我相同的成果。实际上,我非常震惊自己竟然发明了一种全新的营销方式。这种营销方式就是后来众所周知的产品发售公式(Product Launch Formula)。

我在论坛上遇到约翰·里斯。如果你遇到今天的他,就会很快发现他是个才华横溢的人,但在当时,他还默默无闻。当时里斯已经是一位真正的互联网营销专家,但知道他的人很少。

论坛活动结束后,我们俩一直保持联系,并成为朋友,之后我把自己的产品发售秘诀告诉了他。2004年,约翰学以致用,利用我分享给他的技巧发售了两次产品,其中那款举行了一场为期3天的研讨会的产品,给约翰带去了450 000美元的销售额。而这次经历让我充分认识到这条秘诀不仅可以用于炒股,还可以应用于产品销售。

约翰发售的第二款产品是一个教人们如何增加网站流量的培训课程。这次发售刷新了之前的记录,它仅用24小时就创造了110万美元的销售额,也就是说,约翰在一夜之间变成了百万富翁!比销售数据更让人惊讶的是他公司的规模,他的办公室就在自己家里,而且几乎不存在任何专业员工或团队(在我看来,约翰雇用了两个人,一个帮他发售产品,另一个则是兼职的客服助理)。

我很惊讶产品发售公式居然能产生如此惊人的效果。当时我的主业仍是向客户提供财经消息,所以即使不断有人打电话给我,希望我帮助他们发售产品,我还是只想在互联网这个广阔的商业世界里做一个无名小卒。我的小日子过得不错,不仅可以留在杜兰戈市做着日进斗金的生意，还可以和我的孩子一起去滑雪或骑山地自行车。我情愿就这样默默无闻，而不愿成为众人关注的焦点。

但不久后，随着约翰公开感谢我帮助他发售产品，接着邀请我做产品发售顾问的呼声越来越高，而且约翰和其他几个朋友（尤其是亚尼克·西尔弗）也极力劝我出山。于是，我觉得是时候把产品发售公式传授给大家了。

我认为，真正的考验是在2005年10月21日这天。我决定启动产品发售公式培训课程，我的名声和公司的未来都押在这个项目上面。毕竟，只有尝试过才知道自己行不行。如果我想向世人宣称自己是产品发售方面的专家，最好的办法就是出色地完成一次产品发售。

尽管我有发售产品的经验，也帮助其他人做过同样的事情，但这次我仍然面临着巨大挑战。当时，我正在开展一项全新的业务，而且是从零开始。此前，我只是在指导人们炒股方面做得不错，而这一次我要教人们如何在互联网上发售产品和创业。在这个新市场，我不再是专业人士，我没有潜在客户的电子邮件名单，那份旧的股票投资者邮件名单对我已毫无帮助，除了部分我帮助发售过产品的人，我几乎没有客户基础。但这一切都没有使我放慢脚步，因为我知道该如何因时制宜，扬长避短——在第10章里，我会教你如何做到这一点。

因此，虽然颇具压力，但从某种层面上说，我已是个老手。事实证明，这次发售活动空前成功。仅第一周，产品发售公式培训课程的销售额就达到了60万美元，而借助这次产品发售，我马上创立了新的业务模式，开发了数百名新客户，并拥有了一份包含数千名潜在客户的名单。

"实践出真知"这句话一点儿没错，从那时候起，我的生意便一发不可收。这些年来，我一直在更新和完善产品发售公式，希望它能成为一套完整的培训和辅导课程。可以说,产品发售公式已经成为互联网有史以来销量最大的营销培训产品。

成千上万的创业者购买了产品发售公式培训教程,他们当中的许多人也因此取得了令人咋舌的成就。虽然量化这些成就很难,但我知道,我的学员和客户完成的销售额已经超过 5 亿美元,而且这个数字每天都在增长。

请记住,绝大多数购买产品发售公式的人都是小型或微型企业的老板。对谷歌公司这样的大型企业来说,5 亿美元的销售额或许不足挂齿,但对小型企业而言,这样的销量增长带来了巨大的影响。许多掌握产品发售公式的创业者已经和我一样,能够在 7 天内赚取数十万美元,部分人的收入则达到了百万美元。

产品发售公式已经被应用于各种你能想象到的利基市场,并取得了空前成功。实际上,我一直在跟踪这些市场的变化,这几乎成了我的一种习惯,这些市场包括:

婚恋咨询

备考

Photoshop 教程

信贷管理

房地产经纪

杂技表演

大学招生

棒球训练

综合格斗

SAP 程序开发

手工编织

共同基金投资

外汇交易、期货交易、股票交易

花式骑术

房地产投资

培训医生们读取超声波

钢琴辅导

商务培训（全球范围内）

绿色食品

生鲜食品

按摩疗法

制造浪漫（写情书）

私人教练

中草药

编剧

驯马

宠物护理

冥想

犬类敏捷性训练

游行乐队配件

网球教学

瑜伽教学

青少年足球训练

歌曲创作

看手相

室内自行车训练

脑科学

自卫术

探险旅游

蛋糕装饰

碍于篇幅的限制，这里我只列出了一小部分利基市场，还有几十到上百种行业类别没有列出来。千万别认为产品发售公式不适合你所在的行业或市场。

产品发售公式非常流行，除了南极洲，世界各地的人们都在使用它。我的学员遍布几十个国家，这套课程的语言版本已经多得连我也数不清楚。

该公式适用于各种产品和行业，包括：

在线培训课程

家庭自学课程

物理插件

在线服务

线下服务（牙医服务、税收服务等）

房地产销售

电子书

辅导课程

咨询服务

艺术品（名画、珠宝等）

B2B 业务系统销售

非营利性筹款

桌上游戏

说服人们皈依教会

房地产

旅游套票

电脑软件

智能手机应用程序

我想重申一遍，上述产品和行业只是九牛一毛。你只需要记住关键的一点：随着时间的推移，产品发售公式和我的学员们重新定义了产品在线销售模式。

这是一段疯狂的经历。当我把第一封邮件发往19个电子邮箱时，根本没有想过接下来会发生什么事情。

我已经赚够了，你呢？

现在，已经了解产品发售公式背后故事的你可能要问："这跟我有什么关系？它能够为我所用，为我带来利润吗？就算我已拥有一家企业，它能够帮我扩大业务吗？"

根据我的经验，如果你销售的不是像汽油或沙子这样的原料型商品，提供的不是像开锁或保释代理这样的应急服务，那么以上问题的答案都是肯定的。我亲眼看到许多运用产品发售公式的创业者，他们在各个领域都取得了巨大的成功，所以你的成功也在我意料之中。

本书中，我会讲述一些我的学员的亲身经历，他们来自各行各业，销售不同的商品，比如苏珊·加勒特、约翰·加拉赫以及威尔·汉密尔顿等。苏珊专门在网上教人们训练犬类的敏捷性,她完全是一个网络新手,但自从接触到产品发售公式后,她的生意越做越好。约翰在网络上销售一种可用来寻找可食用中草药和药用植物的产品,在他第一次做产品发售时几乎一贫如洗,而现在他的业务规模已经达到数十万美元。威尔销售的是网球教学产品,通过在线产品发售,他创建了知名品牌,如今他已经成为顶级职业网球选手的合作伙伴。

这一切听起来很神奇,也貌似复杂,甚至很难实现。但不用担心,只要你专心听我讲,就会发现这个公式本身并不复杂,且很容易发挥作用,你也很快就会明白它如何及为何能够为你所用。

本书的写作遵循以下顺序:在前五章中,我先提出一些基本概念,例如产品发售公式概述、电子邮箱名单、心理诱因以及翻页式促销信等。在接下来的三章,我会向你逐步讲解产品发售公式,包括产品发售前的造势、预售以及开通购物车环节。最后六章关于如何在你的业务和生活中运用产品发售公式,包括种子式发售(Seed Launch,即如何白手起家)以及联营式发售(JV Launch,即如何开展超大规模的产品发售活动)。

我要把丑话说在前面。我并没有说产品发售公式容易掌握,也没有说它会自动为你带来财富。在使用这个公式之前,我们需要做大量准备工作。就像我在本章开头所说的那样,这不是一本快速致富经。

可话说回来,成千上万的人正在通过互联网创业,他们的企业规模很小,且往往不为人所知,但利润丰厚。借助产品发售公式,他们正在进行着无比强大的产品发售活动(或准备创建整家企业),几乎瞬间就实现了销售目标,为企业开创了良好的发展势头。

听起来不错吧?那你做好准备了吗?在下一章,我会向你讲解产品发售公式的基本结构,然后再深入学习其他知识。在这个过程中,你会了解到这个公式为何具有革命性，为何能在这么多不同的领域发挥作用，为何适用于这么多不同类型的行业和产品。

很快，我就要告诉你一个疯狂的故事，关于我如何在1个小时内狂赚超过100万美元的故事。还有一件事：别忘了登录 http://thelaunchbook.com/member 获取与本书配套的培训视频和相关资料。

第 2 章
从吃救济粮到收入六位数

约翰向父亲借了启动资金，订购了1 500套棋盘游戏。然而，希望大施拳脚的约翰，再次被生活施以拳脚：现在他不但被失败困扰，还被失败的产品所围绕。然后，就这么结束了？

约翰·加拉赫是个大忙人，在家里，他有两个嗷嗷待哺的孩子；在外面，他需要上针灸课，为成为一名职业针灸师做准备；剩余的时间里，他还是野外环保学校的志愿教师，并且几乎到达专职教师的水平。假如你见到约翰，很快就会被他的真诚和热情打动，他绝不是那种整天无所事事的人。但约翰既没有太多空余时间，也没有什么赚钱机会，因此只能靠领取救济粮来养家糊口。他从来没想过自己有一天需要靠救济粮生存，因为他不是那种人，可为了糊口，他不得不这样。不过，这只是约翰的权宜之计，因为他正在策划一个大项目。他怀抱着创业的梦想和一些貌似不错的生意点子。

约翰热衷于搜寻中草药和药用植物。他和妻子共同发明了一种寓教于乐的棋类游戏，能够教小朋友识别各种草本植物，游戏的名字叫"荒野求生：草药的冒险游戏"。现在，是时候把这款游戏推向市场了。

如果你要发明一种棋类游戏，前期必须投入大量资金，哪怕你向厂家下的订单为最小量，资金量也要很大。但约翰没有犹豫不决，他从父亲那里借了将近2万美元，向厂家订购了1 500套棋盘。和许多创业者一样，他愿意为了创业背负债务，即使降低生活品质也在所不惜。因为他坚信，销售一旦启动，订单就会源源不断，他就能摆脱债务负担。

棋盘送达那天，约翰家着实热闹了一番。不过，他很快意识到1 500个棋盘有多占地方。当货物一卡板又一卡板地从半挂大卡车上卸下来时，他的兴奋开始变成了担忧。装棋盘的箱子先是堆满了整间车库，然后又塞满了客房和备用浴室，最后连淋浴隔间也不能幸免。

烦恼没有困扰约翰太久，因为是时候将产品推向市场了。荒野求生游戏很好玩，约翰知道它会在给无数家庭带来欢乐的同时，还起到教育孩子的作用。对约翰来说，摆脱债务、发家致富，就靠这款游戏了。

约翰·加拉赫和部分"荒野求生"产品

于是，约翰筹划了一次"产品发布会"：他邀请朋友、亲戚和左邻右舍都来参加这次聚会。他不知道发布会将产生怎样的效果，事实上最终结果也在他的预料之外，那就是：心碎。

荒野求生：55倍增长比"希望"更能填饱肚子

想创业，光有创意远远不够。事实上，约翰的故事与成千上万名创业者的故事如出一辙，许多人因为失败而一蹶不振。我们经常看到，大型购物中心里有新店开张，或者市中心某处开了一家新餐馆，但一夜之间人去楼空，店面橱窗只留下一纸"出租转让"的广告。我们还不时看到一些新开通的版面精美的博客，一开始博主满怀热情，积极经营，但过不了多久，整个博客就如一座空城，没有访客，没有评论，没有新博文。这幅景象确实令人心碎，因为这不仅仅是一桩生意，还是某个人的梦想。这个梦想代表着他为某个宏图伟愿所投入的大量时间和金钱，但最终这个愿景成了镜中花、水中月。

在约翰的案例中，这种景象尤为凄凉。在"产品发布会"上，他只卖出了12套游戏，剩下的1 488套无人问津。约翰坠入了人生的谷底，他不但被失败困扰，而且还被失败的产品所围绕。他家里到处堆满了卖不出去的棋盘游戏，它们占据了他和家人的生活空间，无时无刻不盯着他。更糟糕的是，约翰不知道下一步该怎么办。他给自己挖了一个"大坑"，不但背负着沉重的债务，而且整天被一大堆卖不出去的库存围绕，他根本不知道该如何爬出这个大坑。

与许多想成为企业家的创业者一样，约翰眼睁睁看着自己的梦想被现实撕得粉碎。我把他这种营销方式称为"希望营销法"：他发明了一种产品，然后希望这种产品能够大卖。如果你认识很多创业者，可能听过类似的故事。不过，约翰的故事结局有所不同。

在妻子的敦促下，约翰开始搜索产品的发售方法。他找到了产品发售公式（网址：http://www.ProductLaunchFormula.com）。由于产品发售公式的培训课程价值不菲，约翰又向父亲借了一笔钱。在此我要声明：我不建议各位借钱来购买我的培训资料，虽然这个方法适用于约翰，但不一定适用于所有人。

约翰一头扎进了产品发售公式里，他本能地认为，这个方法绝对能拯救他的棋盘游戏。于是，他花了几周时间，重新制定了新的产品发售计划，并准备将其付诸实践。值得注意的是，约翰在使用这个公式发售产品时，几乎没花一分钱。产品发售公式是一种方法，而不是教你投入一大笔钱去发售产品。怀抱巨大的期待，约翰盼望着新的发布会赶紧举行，祈祷这次发售能让自己心想事成。

约翰没有等太久，新的产品发售很快取得了惊人的成功。产品刚发售不久，约翰就卖出了670套游戏，销售额达到2万美元。更令人欣慰的是，由于他在产品发售上几乎没投入成本，所以所有销售收入都可以用来偿还产品的制造成本。

我们不妨对比一下：约翰用希望营销法卖出了12套游戏，用产品发售公式卖出了670套游戏，实现了55倍的增长，每套产品的售价是30美元，所以换算成销售额的话，就是360美元与20 100美元之间的区别。更确切地说，约翰在用产品发售公式销售产品时，既没有花钱做广告，也不用找合作伙伴开展促销活动，更不用请媒体报道，他用的是手头现有的资源和资产，而约翰当时甚至靠政府救济粮生活，可想而知他并没有多少可用资源。实际上，当约翰启动业务时，用的还是一台借来的笔记本电脑和当地图书馆的免费网络。

约翰的这次产品发售取得了骄人的成绩，但这只是开始。如今，他已经卖出五万多套"荒野求生"游戏，同时还发售了许多其他产品，其中包括一个与中草药相关的会员网站HerbMentor.com，后来它成为同行业最热门网站之一。这次产品发售虽然获得了巨大成功，但与他后来所做的事情相比，就小巫见大巫了。稍后我再告诉你更多关于约翰的疯狂故事。约翰的经历充分说明了一个道理：一次完美的产品发售，能让你的业务在一夜之间走上正轨。现在就让我们把约翰称为"从吃救济粮到收入六位数"的致富达人吧。

在约翰的故事告一段落之前，我还要再说明一点：在发售产品时，约翰所拥有的唯一一项资产就是一份简短的电子邮件名单，邮箱的主人允许约翰通过电子邮件联系他们。在下一章，我会谈到这份邮件清单的妙用。我不妨先告诉你一个秘诀：当你懂得把电子邮件清单与产品发售公式结合使用时，财富的大门就已经向你敞开了。

"误入"商界乌托邦

在上一章中，我跟你提过一些疯狂的信息，比如我的白手起家史，我在自家地下室开始经营生意，在没有聘请员工，没有实体店，没有库存，只有一台能够上网的电脑的情况下，我最终在一周内赚到了 106 00 美元。

然后我又告诉你，我如何教一个朋友掌握了产品发售公式，他在 24 小时之内赚了 1 080 000 美元，而且几乎也是在没有聘请员工、没有办公室的情况下。紧接着，我见缝插针地叙述了我的业务增长情况，即在 1 小时内销售额飙至 100 万美元。这时候，我还是在家办公，而且完全凭感觉做事。

此后，我阐述了我的学员和客户如何在不同类型的市场发售价值超过 5 亿美元的产品。他们经营着各类产品，而且大多数人拥有的不过都是些小型甚至微型企业，他们也几乎没有产生任何管理费用。刚才我还和你分享了约翰·加拉赫的故事，他在家庭经济十分困难的情况下创业，如今收入已经达到了六位数。

其实我担心这些不可思议的业绩会误导你。我知道,当你刚开始创业时,很难想象有一天会取得如此骄人的业绩,但请记住两件事:第一,这些数字都是真实的;第二,在创业的时候,我的确还是只菜鸟,约翰·加拉赫和我的大部分学员也是如此。

如果你现在的情况和我当初一样,那你的开局肯定也不太顺利,也没能在第一次发售产品时就狂赚100万美元,因为这种概率比中彩票还低。然而,尽管狂赚100万美元的状况不太可能在创业期发生,但你还是要知道一点:你绝对可以像我一样白手起家,迅速拓展业务并令销售额飙升。

我将会逐步向你讲解产品发售公式的各个环节,并告诉你如何做好各个环节的工作,但在此之前,我要带你进入商业世界的"乌托邦"。在这里,普通人也可以做出非凡的成绩,无名小卒也有能力迅速拓展业务,而且几乎不必进行任何前期投资。

在商业世界,确实存在着一个鲜为人知的乌托邦。这是一个由许多性格鲜明的人物组成的真实世界,这个世界中流传着许多一贫如洗的人摇身一变成为百万富翁的传奇故事,而且这里充满了致富良机。

在这个乌托邦,你可以通过互联网创业。只要你有足够的创意,就可以在几天之内自立门户,而且几乎不用投入任何资金。

在这个世界,你完全可以在家办公,且手下不需要太多员工,甚至根本不需要员工,而你的小作坊将很快成为收入百万的企业。

在这个世界,你不再受时间和空间的约束,完全可以按自己的方式管理企业。如果你喜欢,你也可以把公司搬到夏威夷,或者像我一样,把公司搬到科罗拉多州的群山之间。

在这个世界,创业无需投入大笔资金。你不需要任何融资就可以"引导"自己走上成功之路。

在这个世界，付出与收入是不成正比的，因为业务量的增长并不取决于你投入了多少时间。也就是说，你可以打破以往的模式，不投入大量的宝贵时间也能换取巨额财富，你的收入增长就是杠杠式的。在这个世界里，99%的普通人都能变成富翁。

这个世界适合微型创业者开展直销业务。我很幸运，早在1996年互联网在线业务的成形期，就误打误撞地进入了这个世界。这个世界改变了我的人生，而我也目睹它改变了成千上万人的生活。它的发展和演变是一个传奇的故事，可能某天我会写一本书专门讲述这个故事，因为很少人拥有像我一样的经历。但目前，我要先带你进入这个世界，让你完全理解产品发售公式，并知道如何将它运用在你的业务和生活中，从而充分发挥它的作用。

毋庸置疑，无论你从事什么类型的业务、企业规模有多大，或者正梦想着进入一个新行业，这个乌托邦都能给你想要的东西。

遥想当年我开始创业的时候，互联网正呈几何式扩张，用户规模逐月暴增，"互联网"这个词炙手可热。似乎在一夜之间，大家都开始谈论互联网，但却没有人真正了解这个新事物，更别说利用互联网做生意了。稍有生意头脑的人都会问这个问题："这玩意儿能帮我赚钱吗？"

大型公司一般没有利用互联网做生意的计划。从很大程度上，互联网营造出的不是一个正常的商业环境，而更像拓荒时期的美国大西部。大型公司不太可能进入这种不成熟的领域，反而是许多名不见经传的"小人物"适合在这里茁壮成长（我所说的"小人物"不限男女，因为许多初创企业都是由女性经营的），而事实也证明了这一点。

互联网为"小人物"们提供了极佳的创业机会。创办互联网企业成本不高，也没有固定的上班时间（因为网站总是一直在线），更不需要实体办公场所。此外，这个行业既不存在根深蒂固的竞争，也没有成熟而严苛的规章制度，创业者还可以轻易接触到全球市场，而且互联网正飞速发展着。

这类互联网企业专注于提供两类信息：一类是关于如何解决问题的信息，例如学习弹吉他或安装房屋的吊顶装饰条；另一类则是提供娱乐内容，例如笑话段子、创意照片、网络游戏等。

我在1996年创业的时候，根本不知道有多少家盈利的在线企业，但我猜测数量肯定不多，或许只有几十家，也可能有几百家，但不管怎么说，行业规模都不大。然而，这个行业或者说群体最终得以迅速扩张，是因为人们发现创办一家互联网企业是多么快速和简便。互联网行业并没有推翻传统的创业法则，也就是说大部分初创企业都没能长存下去。不过，由于初创企业的基数庞大，所以存活下来的企业也不在少数。

这些幸存者后来成为互联网世界的先驱者。比如，当年杰夫·贝佐斯打算以联营方式创建亚马逊时，专门制定了一份讨论名单，而我正是名单上的一员。往事如昨，历历在目。

这就是互联网商业世界的原始形态，也正是在这个世界里，我发明了后来家喻户晓的产品发售公式。

为什么有些人努力1分，却可以有100分的收获？

现在，你可能在想一个问题："产品发售公式究竟是什么东西？"还有另外一个更重要的问题："它对我有用吗？"简而言之，产品发售公式是一套体系，它能让你的产品（或企业）与顾客亲密接触，从而在产品正式上市之前，就勾起顾客强烈的购买欲望。

产品发售公式可以用于各类市场和产品,尤其适用于新产品和新企业。这套体系非常有效,甚至有些客户问我,他们是否可以先把信用卡卡号告诉我,这样我就可以在产品上市的时候马上把产品寄给他们,费用则直接从他们卡里划扣。从1996年开始,我就一直在使用和完善这套体系,并在2005年起将它传授给我的客户。多年以来,这套体系一直在发挥作用,其效果不言自明。

在开始学习这套体系之前,让我们先了解一个众所周知的事实:自20世纪90年代以来,互联网的发展从根本上改变了这个世界。处在这样一个截然不同的世界,我们再也不能用过时的方式做事,这一点在商业领域尤为明显。我们需关注互联网时代的三大变化。

沟通速度　在互联网时代,营销人员与市场的沟通变得更加容易和便捷。只需几分钟,你就可以写好一封邮件,并将其群发给一大批潜在消费者,而点击"发送"按钮之后的几秒钟内,他们就能看到这封邮件。几年前,产品从创意到制造、发售,到最终的消费,所需时间均以天、周,甚至以月来计算。如今,这个过程被压缩到几分钟之内。

沟通成本　给客户发送一封邮件或向社交媒体"粉丝"发送消息的成本非常之低。普通人进入发售行业的障碍已经被消除。一个人要花多少钱才能发表作品?如今,只要在Facebook或Twitter等社交媒体上注册一个账号,任何人都可以立刻发表文章。大约在十几二十年前,如果有人想通过广播或出版物发表消息,通常要花费数千美元。

互动性　当"粉丝"对你的信息做出反馈,你就有了各种可追踪的数据,你就可以立刻知道自己的信息与目标市场的共鸣程度如何。相比之下,在多年以前,发售消息就像对着空旷的荒野呐喊,有时候你能听到一点微弱的回音,但更多时候你根本得不到任何反馈,而这一切都取决于地形地貌和其他自然条件。

你可能从未思考过这些变化，或者已经把这一切视为理所当然，但无论如何，这些变化对人们的体验产生了重大影响，其范围涵盖了政治、娱乐、医疗以及人际关系等领域。我们这里主要关注的是社会变化对商业领域的影响，因为沟通速度、沟通成本、互动性等三大要素改变了商业和市场营销的运作模式，创造了一个全新的世界，让头脑灵活的创业者能在业务中创造惊人的成就。在后续章节中，你将会发现，我此前与你分享过的那些"疯狂数字"开始变得合情合理了。

像好莱坞大片一样卖东西

你可能已经注意到，好莱坞在发行新电影前都会预先造势。首先，在电影发行前6个月，发行商会先推出预告片；然后，在电视上发布广告介绍这部电影；接着，演员们频频在脱口秀节目上露面。在今天，在电影首映之前，发行商还会借助社交媒体宣传电影。

苹果公司又是怎样发售产品的？他们通常会进行大规模的宣传活动，为产品的正式发售日做准备。在产品发售前几个月，苹果公司的"粉丝"网站上就各种传闻满天飞，狂热的"粉丝"纷纷揣测新产品的发售时间、谍照以及新功能。

产品上市前，宣传活动制造了大量噱头，观众不禁为之热血沸腾。其实，产品上市本身就是重大事件，这件事本身就足以令人们对产品怀抱巨大期望，并全身心投入。

现在，我们把预售造势这种宣传活动与普通的市场推广活动进行对比，后者就是我之前说过的希望营销法，也就是你开发一款产品、创办一家公司或者推出新一轮的广告宣传活动之后，然后希望它们自行顺利进展的营销方法。

希望是个鼓舞人心的东西，并且在我们生活的各个领域发挥着神奇的作用。举个极端的例子，假设你乘船出海时遭遇船舶失事，在等待救援时，求生的欲望让你活下来。但在商业领域，希望是一个丑陋、肮脏的词，因为它会吞噬我们的灵魂。要想取得事业的成功，就得掌握人生的主动权，你要尽力抓住机会，摆脱命运的控制。千万不要把企业的未来寄托在所谓的希望上面。

显然，如果你能通过产品发售、业务拓展以及产品促销活动让潜在客户热切盼望这些活动，那就更好了。这就是好莱坞发行大片和苹果公司举行新品发布会的深层原因。难道你不想让自己的企业获得发展的动力吗？不妨想象一下，这样的开局会如何改变你的企业，然后再思考一下如何在你的产品面世之前制造巨大的悬念，从而完全改变市场格局。

你还面临一个难题。你可能没有数百万美元的预算来促销，或者没有一个经验老到、富有创造力的团队负责推广活动。既然你没有苹果公司或好莱坞环球影城那样的资源和人力，似乎就只能继续使用希望营销法了。

但是，坚持一下吧，因为产品发售公式正是从这里开始改变游戏规则。还记得我之前提到过的三个改变游戏规则的要素吗？互联网使人们的沟通成本下降，沟通速度加快，人与人之间的互动也极大改善。这三大要素就是你通往成功的钥匙。而这也正是像你我这样的普通人所经营的小企业能够创建一个全新业态的原因，因为这个行业充满了前所未有的商机。

对话比独白或演讲要有趣得多，这是一个四海皆准的真理。既然如此，那就让我们从对话说起。**互联网的演变就是人们不断加强对话的漫长过程**。通过互联网，我们可以与更多人沟通和对话，这在人类历史上前所未有。虽然有时候当你浏览Youtube视频网站上的评论时，那些对话可能会让你质疑人类是否有未来。尽管如此，在当今社会，人与人之间的对话显然比历史上任何一个时期都要频繁。这种对话已经延伸到商业领域，尤其是市场营销领域。对于以往电视广告中厂商声嘶力竭叫卖产品的做法，消费者已经不感兴趣了。

其实在以前，消费者也很反感这种做法，只是他们现在有了更多选择，所以如果你还继续对他们大喊"买我的产品！买我的产品！买我的产品！"，只会让他们更加不搭理你。因此，与其对你的潜在客户大喊大叫，不如跟他们进行一场对话。例如，想象你是一个刚接触吉他的新手，正在网上跟一名高手学习，这位老师对你说了这番话：

> 我有一种新的吉他练习技巧，这个技巧很棒，可以让大家每周学会弹一首新曲。我刚刚产生一个想法，就是把它编写成课程，向大家传授我的独门绝招。其实我并不知道它算不算是独门绝招，但我从未看到过其他人用过这种方法。我曾向一些朋友展示过，貌似很管用。
>
> 在编写课程之前，我要希望自己已经考虑到了所有相关问题。所以，你能不能帮我个忙，告诉我你在学习弹奏一首曲子时，面临的最大挑战是什么？

这是一个简单的提问，但它开启了一段对话。这位吉他高手绝对没有对他的追随者高喊："买我的产品！"

我把与你的潜在客户对话的做法称为"鸣炮示警"，这是产品发售前开展宣传活动的最好方式。你可以根据不同的市场对这个问题进行修改，它是无数成功的产品发售活动的开端。

三个步骤,让你创业一次就成功

我刚给你举了个小小的例子,告诉你如何开展具有产品发售公式风格的预售工作。也许它看起来没那么强大或特别,但很快你就会明白,这个表面不太光鲜的开端会演变成伟大的事物。

发售序列、讲故事及心理诱因是产品发售公式的核心。我们先解释一下什么是发售序列。

发售序列

一天当中,我们每个人接收信息的数量都大得惊人。我们会收到各种电子邮件、语音邮件和文字信息,还要看电视节目,听收音机,接电话,网络聊天等,我们还会看到无所不在的广告,就连坐飞机的时候,都躲不过座椅后背的广告。我们生活中的信息和数据与日俱增,甚至呈泛滥之势。

但是,我们消化和理解这些信息的能力并没有增强,这意味着我们要更加努力地过滤那些信息。我们想主动回避它们,不理会它们的存在,或者借助科学技术把需要的信息保留下来,然后过滤掉大多数无用信息。

美国军方有个术语,叫做战争迷雾(指军事行动的参与者缺乏对周边环境的感知力,无法确定将会发生什么事情。——译者注),在如今的商业环境,也存在着"沟通迷雾"。作为一名商人或市场营销人员,你需要在这样的环境中展开竞争,找到穿越迷雾的方法,否则你的企业就会倒闭。就这么简单。你不能依赖于单一的市场信息,相反你要以承上启下的序列式思维看问题。**在表明自己的观点时,你不能采用单次交流的方式,而要借助一系列的沟通,因为这些沟通彼此依存。**

我们的产品发售公式同样是序列式的，它包括造势、预售、发售以及发售后的跟进工作。

请想一想《哈利·波特》系列小说，哪一部最引人入胜？是第一部还是最后一部？答案是最后一部，因为前六本书引起了越来越多人的关注，"粉丝"规模越来越庞大，实际上该系列的每一本书在推出之前，"粉丝"都狂热期待着。

下面，让我们快速浏览一下产品发售公式的主要序列。

造势　产品发售始于造势。通过造势，你可以培养忠实"粉丝"对产品的期待（我知道，你在现阶段可能还没有任何忠实的"粉丝"，我会在第3章讨论这个问题）。你还可以通过造势宣传来判断市场对你产品的接受程度，并收集消费者对产品的意见。造势之后，你还可以对产品进行微调，从而确定最终版本。

预售　这是产品发售序列的核心和灵魂。在这个阶段，你可以用极具价值的三段式的预售内容来渲染市场。通过预售，你将引起消费者的内心共鸣，例如权威感、社会认同感、群体意识、期望以及互惠心理。与此同时，你也回应了市场对产品的反对意见。通常情况下，预售内容要发布 5～12 天，它的形式多种多样，既可以是视频文件、音频文件、书面的 PDF 报告，也可以是博客文章、远程论坛或软件（我相信，随着时间的推移，人们会发明更多的预售媒介）。

发售　这是你一直为之努力的时刻。这时你要真正地把产品或服务推向世界，然后开始接收订单。用产品发售公式的术语来说，这个阶段叫做"开通购物车"。发售产品有自己强大的序列，它通常以一封类似于"开张大吉, 欢迎选购"的电子邮件开始。产品发售时间有限，通常是 1～7 天，之后发售活动就会结束。

跟进　这属于扫尾阶段。在这个阶段，你开始跟进新客户和那些还没有向你下单的潜在客户。跟进阶段不如其他阶段那么令人兴奋，但它很重要，因为这是你传递价值、树立品牌形象的良机。如果能把客户跟进到位，就可以为下一次产品发售打下基础。

这一切听起来相当简单对吧？没错，确实很简单，如果你在各个阶段加入"故事"元素，那就近乎完美了。

讲故事

故事充满力量。故事记载着人类历史上的智慧、知识以及文化。请回想一下自己的学生时期，真正让你印象深刻的课程可能都与故事有关。再思考一下世界上的各种宗教，你就会发现，绝大多数宗教的教义都是以讲故事的方式进行传播。

我是个讲究逻辑思维的人，我热爱知识、喜欢用事实说话，因为我生活在一个客观世界里。在本书中，我很想只给你提供数据、理论和案例，然后补充相关数据。但请看一下本书的前两章，我在第 1 章中讲述了自己的故事，然后又在本章讲述了约翰·加拉赫的故事。猜一猜，一个星期以后，你还会记得这两章的哪些内容？我敢打赌，你肯定只记得"全职奶爸七天狂赚数十万美元"的故事以及"从吃救济粮到收入六位数"的故事。这就是故事的力量。

想要人们记住你的产品，那你就要在市场营销中讲故事。我并不是要让你成为一名小说家，而是建议你向潜在客户讲述一个与你的产品和服务相关的动人故事，并告诉他们，这些故事为什么对他们如此重要。你要把这些故事清晰地传达给潜在客户。

产品发售序列是讲故事的最佳场合。这是产品发售公式的秘密武器之一，因为传递信息的最有效方式就是讲故事，而预售阶段有承上启下的作用，这时候最适合于讲故事。

大多数产品在预售阶段都有三段内容，这并非偶然。大部分电影和小说会自然地分成三大部分，或许你也听说过三幕剧。自古以来，我们就一直在使用这种经过实践证明的经验，所以，为什么我们不在市场营销过程中也使用它呢？为什么不以它为基础构建产品发售序列，把产品发售分为造势、预售和发售三个主要阶段呢？

重申一遍，这种做法看似简单，但却蕴含着惊人的力量。当你开始把发售序列与讲故事叠加在一起时，你就创造了一个强大的产品发售结构。

心理诱因

人类是有趣的动物，我们总是认为自己所做的决定合情合理、逻辑严密，但实际情况并非如此。实际上，我们的绝大多数决定和行为都源自情感反应和心理反应，我们只是在行为发生后，用矫揉造作的逻辑理论来合理化这些决定而已。

影响我们决定和行为的心理诱因是多种多样，这些诱因一直在我们的潜意识中发挥作用，并对我们的行为方式产生巨大影响。例如，如果我们意识到某样东西属于稀缺物品，我们就自然而然地更加重视它。而假如我们认为某个人是权威人物，就会不自觉地受到他的影响。又或者，如果我们把自己当成某个团体的一分子，就会一边倒地按我们认为这个团体成员应有的行为方式做事情。

上述假设涉及三种心理诱因：稀缺性、权威感和群体意识。心理诱因不止这三种，我会在后面再做深入讨论，现在你需要明白的是，这三种诱因会对我们的行为产生巨大影响，它们超脱了时间和地域的限制，而且在任何时候都不会失去说服力。无论你说哪种语言、生活在哪个国度、从事哪个行业，它们无时无刻不在对你发挥着作用。

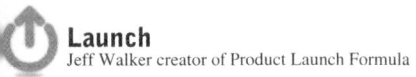

一言以蔽之，无论你想攻占哪个利基市场，你都要对潜在客户和买家施加影响力。而产品发售序列让你有机会激活潜在客户的这三种心理诱因，从而对其产生影响。

把三者结合起来

通过本章的学习，我们对产品发售公式有了初步了解。我刚才告诉你的只是一个大致概念，在接下来的章节中，我会介绍产品发售公式的更多细节。现在，你可以开始考虑如何把产品发售序列、故事的力量以及心理诱因这三者结合起来使用。

当你不再单独依赖某一种诱因，而是把它们结合起来，你就可以制造出一条更具影响力的信息。把这些心理诱因嵌入一个令人信服的故事当中，这个故事要能帮助你穿越市场营销中的重重迷雾，把你的产品或服务与潜在客户的希望、梦想、恐惧或渴望联系起来。

你的故事最好有紧凑的情节，这样你才能把产品发售变成一个重大事件，紧紧抓住潜在客户的好奇心，让他们翘首盼望产品发售的那一天。现在，你已经充分掌握产品发售的公式了。约翰·加拉赫正是利用这个公式一次性卖出 670 套游戏，而他用传统的希望营销法只卖出了 12 套。后来，他不断地使用这个公式，在一个小众市场把生意越做越大。

在我们开始学习产品发售公式的细节之前，我还要告诉你一个更关键的因素。这个因素可以变成你的专属印钞机。虽然我只是打了一个比喻，但这个方法真的可以帮助你合法地赚钱。你完全值得拥有这样一台印钞机。我所说的印钞机，其实就是你的客户名单。我们会在下一章探讨这方面内容。

第 3 章
打造你的专属印钞机

沃克计划三个月后搬家,这样他就能卖掉旧房子,凑够买新房子的钱款,但梦寐以求的新房子不赶快下决定就会被别人买走。那么,沃克要怎么快速"变"出足够多的现金?

几年前，我的孩子还在读小学时，我参加过一次家长会。在家长会上，我和一位同学的母亲闲聊了起来。我们两家的孩子都在上五年级，这意味着再过6年，我和她就要开始支付孩子的第一笔大学学费了。花费问题是学龄儿童家长一直以来的话题。

那位家长知道我对金融市场感兴趣，于是问我是否为孩子制定了大学储备金计划。我猜这个问题对她来说很平常，但我的答案对她来说似乎又不太平常。我这样回答她的："我根本不用制定大学储备金计划，因为我有一份客户名单。"

她茫然地看着我，被我弄糊涂了，她的反应我一点儿不觉得惊讶。毕竟，这话听起来有点自以为是，但我说的是实话。我根本不用担心孩子的学费问题，因为我知道自己拥有一样比大学储备金计划更重要的东西，它无异于一台印钞机，无论我什么时候需要钱，它都能把钱印出来。这台印钞机就是一份潜在客户和买家的电子邮件名单，它能让我在急需用钱的时候有收入来源。想挣钱，就免不了要做大量工作，但如果你拥有一份客户电子邮件名单，就相当于得到了一台印钞机，不愁没钱花。

你想拥有这种按需创收的能力吗？这就是本章要讲的内容。

先让我讲讲我本人的故事吧。当我和妻子决定搬家离开丹佛时，时机不是很理想。我的业务刚刚起步，玛丽也刚辞去工作在家里照顾孩子。但我们就是想搬到山区去，科罗拉多州西南部的美丽小镇杜兰戈正是我们的心仪之地。我们似乎应该过一段时间再搬家，因为玛丽适应家庭主妇一职尚需时日。此外，由于我的生意成为家里唯一的收入来源，我们都感觉有点紧张。

但就如你知道的，计划永远赶不上变化。玛丽辞职几个月后的某个周末，我们去了趟杜兰戈，尝试寻找合适的安身之处。最终，我们找到了新家，那是我们梦寐以求的房子，左邻右舍都非常友好，而且马上就可以搬进去住。这房子非常抢手，我们不赶快决定就会被别人买走。

时间是最大的问题。我们要跨州越界，把家搬到三百多英里以外的地方，但我们还没有做好充分准备。首先，我们想让孩子在目前的学校读完这个学年；其次，在杜兰戈买房子之前，我们需要先卖掉在丹佛的房子。为此，我急需一大笔钱来支付新房子的预付款，而这笔钱至少要 7 万美元。

遇到这样的问题，许多人可能开始考虑从银行、朋友或亲戚那里借钱。但我可不这样想。我的第一个念头就是："我该向邮件名单上的客户提供什么样的产品，才能迅速筹得这笔钱？"

这就是客户名单的力量所在。它赋予你创造财富的能力，让你在需要钱的时候财源滚滚。我是这样做的：我先看了一遍与客户的沟通记录和他们的反馈信息，然后规划出客户想要的产品，接着我要确保自己能快速简便地制造出这种产品。接下来，我开始筹划这款产品的发售流程。

在第 1 章，我提到自己通过产品发售在 7 天里赚了几十万美元，而上述案例就是那次发售背后的故事。产品上市后，我一周内的销售额达到了 106 000 美元，其中利润高达 103 000 美元。就这样，我迅速赚到了新房子的预付款。这都要归功于我的客户名单以及那场精心策划的产品发售活动。

我要再次强调，我既不是魔术师，也没有超能力。为了创建这份名单，我可付出了不少努力，你同样也可以做到这一点。客户名单就是你的资产。想象一下，如果你在工作和生活中拥有这样一份资产，那将会是什么样子。再思考一下，它将让你的人生发生怎样的转变。

本章要讨论的就是如何创建有求必应的客户名单，从而给你的人生注入无穷力量。

核心策略：创建客户名单

创建客户名单是我在开拓业务时最关注的核心问题之一。读完这本书后，如果你也开始注重客户名单的创建工作，那么对你来说，这本书的价值就是它售价的一万倍。

我所说的客户名单到底是什么？客户名单上的人就是要订阅你电子邮件的人。通常情况下，你的产品网站上应该有一份"选择加入"的表格，客户在表格中填写电子邮件地址后才能订阅你的邮件。但前提是，你要先说服人们订阅你的邮件。你可以找到各种理由，比如让客户随时接收时事资讯、每日产品特惠信息和其他有趣内容。无论你向客户承诺了什么，这个承诺都必须是他们选择订阅你邮件的理由。

举个例子吧。我是个狂热的滑雪爱好者，所以到了冬季，我每天都会查看我家附近两个滑雪场的天气情况。每天早上，滑雪场都会给我发一封简短的电子邮件,告诉我今天的积雪厚度。我还喜欢弹吉他,因此我也订阅了相关邮件,时不时会收到发一些最新的吉他教程。此外,我用的电脑是苹果公司的 Mac 系列产品,因此我订阅了苹果公司的电子邮件,他们会定时给我发送一些 Mac 软件的最新信息。这只是一部分例子,我并没有订阅太多其他人的电子邮件。我相信,你也曾订阅过别人的电子邮件。

毋庸置疑,一旦你创建了一份用于业务拓展的客户名单,你就在掌控自己财富命运的道路上又迈进了一步。无论你从事哪个行业,这都是颠扑不破的真理。客户名单、潜在客户数据库、忠实客户数据库永远是你最重要的资产之一。如果你拥有一家干洗店,时常来光顾的客户就是你的衣食父母,如果你经营着一家餐厅,每周或每月来就餐的食客就是让你生意兴隆的保障。

不过,互联网让一切变得更快、更强,客户名单也不例外。在网络世界里,你的客户名单起着决定性作用。实际上,只有你点击"发送"按钮时,才能真正理解这份名单的力量。几秒钟过后,你会看到名单上的客户开始回应你,浏览你的网站。这种力量非常激动人心,一旦见识过这种力量带来的改变,你就会意识到自己的生活方式已经完全不同。

另外,由于在线数据非常多,你要在第一时间监测结果。对于规模较大的客户名单(例如订阅人数在 1 万名以上的),你的邮件服务器可能要花好几分钟时间才能把所有电子邮件发送出去,而一旦邮件开始发送,你就可以在几秒钟之内看到结果。

如果你的客户名单的规模非常大(我的订阅客户数量超过 10 万,有些人的客户规模甚至比这个还要大),那么你可能就需要采取额外的预防措施,这样人们在浏览你推荐的网站时,网站才不会因流量过大而崩溃。现在，如果我要在我的个人网站上发表博文，就会非常当心，因为如果有太多人同时访问我的网站，服务器就可能崩溃。对于这样的问题，我的应对策略是分批发送，我会隔上几分钟才对名单上的一小部分客户发送邮件。

我不想在本章的讨论中过早地让你接触技术细节，因为我不想吓退你。如果你才刚刚开始创建客户名单，那现在根本用不着担心服务器崩溃的问题。我之所以提到这个问题，是为了向你展示一下客户名单的力量。实际上，你尽可放心大胆地发送邮件，而不必担心服务器会不会崩溃。

网络营销行业有一个说法，即"按下'发送'键，财源滚滚来！"拥有一份客户名单，就好比拥有了一台印钞机，你可以随心所欲地印钞票。这就是我根本不必为孩子的大学教育费用担心的原因。

在我们继续学习之前，我要澄清一件事情。我所说的客户电子邮件名单并不包括垃圾邮件地址，这份名单中的客户是真心想向你订阅电子邮件的人。

人们对垃圾邮件的定义不一。随着时间的推移，什么样的邮件才算垃圾邮件，人们的看法也有所改变，而与垃圾邮件相关法律法规也一直在演变中。对我们而言，垃圾邮件可以被定义为"来路不明的商业电子邮件"。

当我论及客户邮件名单以及如何创建名单的时候，都是指人们主动要求接收电子邮件。我从 1996 年就开始在线发布信息，一直以来，我从来没有发送过任何一封垃圾邮件。实际上，我一直反对给人们发送垃圾邮件，并要求我的学员以我为榜样。事实上，如果你群发垃圾邮件，你的生意很快就会玩完。千万别这么做。请把邮件发给那些主动索要信息的客户。

还在地毯式轰炸?!

我已经说过,自创业以来,创建客户名单一直是我的核心策略。其实,在创业伊始,我就只有这么一个策略,甚至在产品网站还没建好时,我就开始创建客户名单了。

至于为什么我从一开始就如此专注于创建客户名单,具体原因已无从考证,我只记得自己当时意识到客户名单的力量有多大。那些名单已经成为我开展业务的基础。这些年来,很多人也逐渐明白了这个道理,但相比其他创建客户名单的创业者,我有自己的独门法宝,那就是人际关系。

这听起来有点滑稽,因为我们现在探讨的是如何把邮件发给成千上万的人,这与亲密、具体的人际关系有什么关系?实际上,你的电子邮件会进入到很多人的收件箱,你的每一位订阅者都是独一无二的个体。我知道这是众所周知的事情,但许多拥有客户名单的人却忘记了这一点。我常听说有人把向客户群发邮件称为"地毯式轰炸",但谁愿意被别人"轰炸"?

请记住,你的电子邮件会被发送到读者的收件箱里,这是一个很私人的地方。如果你对邮箱的私人性保持怀疑,那么不妨想象一下:假如一个陌生人获取了你的电子邮箱密码,那将是怎样一番情形?我想,大多数人都不会太高兴。

我们大部分人都想保护自己的收件箱不受侵犯,而由于你发出的每一封邮件都会进入订阅者的邮箱,所以实际上,你拥有极大的权力。

很多时候我去参加会议都会有不少人与我交谈,我与这些人素未谋面,而他们却视我如久违的朋友。有时候我甚至会怀疑他们是否真是被我遗忘的老朋友。寒暄几句之后，他们就开始真正的交流，例如最近有没有滑雪，有没有去山地骑行，孩子最近好不好，吉他学得怎么样等，这些生活里的点点滴滴都是我在邮件里与他们分享过的。

这样的交流对我来说是件好事，因为我想让我的读者觉得他们与我有着密切的联系。正是由于这层关系，他们才会打开并阅读我的邮件，并最终点开产品链接。

如果你的邮件在订阅者的收件箱里原封不动，那么，你的客户名单再长也没有用。如果他们不打开并阅读你的邮件，你就不必再费尽心思地去创建名单了。

我上面所说的正是你的客户与你的共鸣度。不同客户的共鸣度千差万别。在某些客户群里，60%的客户会打开邮件，这样的共鸣度就非常高；在另外一些客户群里，只有不到1%的人会打开邮件，如此低的共鸣度自然会打击邮件发送者的信心。

显然，你必须拥有一个容易产生共鸣的客户群。让我们假设两种情形：一种情形是你的名单上只有100位客户，他们当中60%的人会打开你的邮件（即60个人会阅读邮件）；另一种情形是名单上有1 000位客户，但只有1%的人会打开邮件（即只有10个人会阅读邮件），哪一种对你更有利呢？当然是前者。

该如何创建并维护一个高共鸣度的客户群？方法多种多样，但归根到底，最重要的方法还是搞好人际关系。提高客户共鸣度的最简单办法，就是加强你与客户之间的联系，对此你应记住以下两点：

- *客户群的规模远没有客户共鸣度那么重要，所以你与客户之间的关系质量极其重要。*
- *产品发售公式是与客户建立密切关系的最佳方式之一。*

借力云存储,"吸粉"事半功倍

除了客户邮件名单之外,还有其他类型的名单。你还可以在 Facebook、YouTube 或 Twitter 等社交媒体上创建一份"粉丝"名单。但就目前而言,电子邮件名单的作用仍然最显著,也就是说,社交媒体"粉丝"名单完全比不上电子邮件名单。

单从共鸣度上看,电子邮件订阅者比社交媒体订阅者高许多倍。一些实验表明,电子邮件客户名单的影响力比 Facebook"粉丝"名单至少强 20 倍。换句话说,一份有着 1 000 名客户的电子邮件名单胜过一份有着 2 000 名"粉丝"的 Facebook 名单。虽然实验得出的数据受多种因素影响,不同的情形或许得出不同的结果,但不可否认的是,电子邮件客户名单仍然比社交媒体"粉丝"名单有效得多。

这种局面在未来或许会改变,但可以肯定的是,在线业务的运作方式也会不断更新变化。从 2003 年开始,我就一直听说电子邮件名单即将没落,但十年过去了,它仍然每年给我带来数百万美元的收入。

在社交媒体上创建客户名单的另一个问题在于:这个平台更加不受控制。如果你在 Facebook 上创建了一份名单,这份名单的实际拥有者是 Facebook 网站,他们随时可以改变游戏规则。请注意,改变游戏规则这样的事情在社交媒体上并不罕见。而客户名单是你的最大资产,将其建立在一个你无法控制的平台上无疑太过冒险。

另外,社交媒体的盛行很有可能只是昙花一现。几年前,Myspace 还是一个庞然大物,许多人在这个网站上耗费了大量时间和精力,而现在它几乎无人问津了。谁也不能保证这种衰落不会出现在其他社交媒体上。所以,在那些可能消失的社交媒体上创建名单时,你最好三思。

我要明确的一点是：我不是说在社交媒体上创建"粉丝"名单毫无意义，但你需要十分小心。当你在社交媒体上创建"粉丝"名单时，会面临两种巨大的风险：第一种风险是，网站运营者随时可能改变客户名单的使用规则，或者直接关闭你的账号；第二种风险是，网友随时有可能抛弃旧的社交媒体而追捧下一个热门网站。

客户名单的类型很丰富，明白它们之间的区别很重要。很多时候，在谈到客户名单的时候，人们动不动就说："我的名单上有3万人！"这样的话并没有太大意义。

让我们抽丝剥茧，继续深入探讨客户名单的问题吧。到目前为止，我们已经讨论过两种客户名单，即电子邮件客户名单和社交媒体"粉丝"名单。我刚才也分析过，电子邮件客户名单比社交媒体"粉丝"名单的作用更大。

另一个关键的区别存在于潜在客户名单和买家名单之间。两者的定义非常简单，潜在客户是指那些还没有向你购买产品但有购买需求的人，而买家是那些已经购买过产品的人。在拓展业务的过程中，这两种名单你都要拥有。另外，买家名单比潜在客户名单重要得多。根据我的经验，买家名单上一个人的价值比潜在客户名单上一个人的价值高出 10～15 倍。

这种价值之间的悬殊，引出了两个关键点。首先，你要把潜在客户名单上的人转移到买家名单上（机缘巧合之下，我发现产品发售公式最适合做这件事）。其次，你要区别对待这两份名单。虽然你很想与这两个群体都保持良好关系，但如果两者只能选其一的话，只有买家群体才值得你付出额外的时间和努力去维持关系。也就是说，你要花点时间和精力去准备，然后给买家发送一些有趣的内容，或者制造一些意外惊喜。

我曾向某电商订购过商品，之后我再次光顾这家店铺时，他们总会随商品赠送我一些糖果或小玩意。这种情况虽然不是一直都有，但我经常遇到。赠品的成本虽然不过几分钱，但事情过去好几年后，我仍然记得它们。只要给客户一点小惊喜或人情味，他们就会长时间记住你。例如，对于那些购买产品发售公式的新买家，我通常会给他们寄一张明信片，上面有我手写的"谢谢你"。这个方法虽然简单，但却让你与众不同，更有助于你与客户建立良好的关系。

在拓展在线业务时，你可以把相关的一些培训视频或产品报道内容制作成赠品发送给客户，这是非常简单的事情。显然，对于以出售信息为主的创业者而言，这个方法尤其适用，但它也同样适用于其他类型的业务。

举例来说，出售吉他教学课程的创业者可以额外赠送一段如何弹奏可移动和弦的视频教程。或者假如你是一家专门出售吉他的电商，也可以在卖吉他的时候赠送一段类似的教学视频，或者一段关于吉他保养的视频。问题的关键在于，你要如何将这段赠送视频发给买家。你可以把视频录制成 DVD 光盘并邮寄给客户，这是传统做法。准备视频、刻录光盘、寄送等环节不但花时间，而且还要花钱，而当客户拿到光盘后，他很可能会把光盘随手扔掉。

另一种方法则是把赠送视频放在网站上，让客户在线观看（这很容易做到。你可以登录 http://thelaunchbook.com/resourse，点击"资源页"，上面有相关教程）。这个方法更简单、更便捷，除了需花时间制作和剪辑视频外，你几乎不用花一分钱。此外，你可以把视频链接放到写给客户的电子邮件中，这样就很容易说服客户打开你的电子邮件，并点击你的链接。如果你时不时在电子邮件中赠送客户一些讨喜的小礼物，他们就会一直期待你的下一封邮件。

粮草先行：名单撷取页上线

关于客户名单的好处我已谈了许多，希望你接收到了我的信息，而且想尽快获得一份客户名单。下面，我们谈谈如何创建客户名单。

我要声明的是，这里只是概述一些创建客户名单的方法。实际上，单单这一个话题就已经足够写一本书。而由于这个话题内涵丰富且无比重要，我决定自创一套课程。如果你想进一步了解这个话题，可以登录 http://thelaunchbook.com/list 免费获取"客户名单创建计划"。

你要做的第一件事，就是弄清楚谁是你的潜在客户。在这里，我要使用"替身法"，也就是把你自己想象成具有代表性的潜在客户，把你自己替换成你最希望接触的人群。

如果你要教别人打高尔夫，你的潜在客户不应该是所有高尔夫球手，而是那些想获得大学奖学金的适龄球员；或者年龄在45～55岁之间的家庭妇女，因为她们会因为小孩上大学了而有大把需要打发的时间；或者差点（指一名高尔夫球员通过在一家或几家球场打球后被给予的一个评比数字。差点有两个组成因素，一个是球场难度，另一个是打球者在该球场的成绩。——译者注）在10杆以下的球员，因为他们想提高短杆击球技术。

实际上，我对高尔夫球市场并不太了解，上述只是我假设的情形。但你可能是这个行业的专家，对市场状况了如指掌。在这三个群体当中，无论你选择哪一类作为目标群体，你的营销策略都会迥然不同。

可以说，创建客户名单是邮件营销中最艰难的事情。在本阶段，消费者刚开始与你接触，所以你一定要事情做好；而做好这件事的第一步就是要知道你的客户群在哪，你是谁的"替身"。之所以要把这步工作做好，是因为我们要创建一个名单撷取页（Squeeze Page），也叫压缩页。在这个页面上,有一个"选择加入"的订阅框,这个订阅框是消费者成为你客户名单中一员的重要渡口。你可以把这个订阅框想象成对潜在客户的一种贿赂,只是这种贿赂不违背伦理道德和法律规范。只要访问你网站的人加入你的客户名单,或者订阅你的产品,你就可以向他们提供一些有价值的东西。名单撷取页和"选择加入"订阅框是创建客户名单的关键所在。

重要提示:我刚才说过,创建客户名单是邮件营销活动的第一步,也是非常重要的一步,所以你一定要开个好头,以便在激烈的市场竞争中抢得先机。不过,你也不必吹毛求疵,实际上也没人一下子就把这一步做得尽善尽美。循序渐进是最容易获得成功的方法。你可以先做出名单撷取页的雏形,然后再逐步完善它。

在线营销最吸引人的地方在于你可以获得大量数据,并且很容易验证你的某些设想。你可以创建两个版本的名单撷取页,样式尽量简单而实用。然后,借助软件把这两个版本轮流展现给网站访客(请登录 http://thelaunchbook.com/resources,查看我的"资源页"),你就会知道哪个版本的名单撷取页反响更好。得出结论后,你就可以使用反响更好的那个版本。不过,你还要继续进行下一个实验,看这个版本是否有改进空间,以此类推。

上述过程就是所谓的"网页对比测试"或"A/B 测试",它是不断提升网站转化率的关键手段。在这个例子当中,网站转化率就是加入你的邮件客户名单与网站总访问量之间的百分比。

重申一遍,你一定要记住一点:刚开始的时候,不必凡事追求完美,没有谁一开始就能把事情做到尽善尽美。你要先做好第一个版本,然后逐步完善,这才是关键。

"贿赂"潜在客户

什么是名单撷取页?它由我的朋友、ILoveMarketing.com 网站创建者迪恩·杰克逊(Dean Jackson)在多年前提出。事实证明,名单撷取页是互联网营销行业最具意义的新生事物之一。名单撷取页是一个非常简单的页面,它只给网站访客提供以下两种选择:

- 填入自己的邮件地址,成为你的会员,从而获得某种免费物品(这就是所谓的不违背伦理道德的"小贿赂")。
- 离开这个页面。

这或许有些强迫访客选择的意味。实际上,这就是在迫使他们做选择。你要从一开始就明白这个道理:对绝大多数网站来说,大部分访客在登录后都会选择离开名单撷取页。

每当想到这个事实,网站创建者就黯然神伤。另外,还有一个百分之百肯定的事实:每位访问者最终都会离开你的网站。你要明白,在离开你的网站之前,如果他们没有向你购买任何东西,或者没有选择成为你客户名单中的一员,那他们再次光顾的几率就非常小了。我所说的几率非常小的真正含义就是"根本不会再回来"。

如果你不相信我的话,不妨回想一下自己的上网行为。你会多次访问某个偶然登录的网站吗?即使你把某个特定的网址放进收藏夹,即使某个网站确实很棒,你会经常访问吗?不太可能会。有句俗话叫"离久则情疏",说的就是这个道理。**你网站的访客也一样,除非你拿到了他们的邮件地址,否则,他们一旦离开,一般就不会再回来。**如果他们加入了你的客户名单,那就是另外一码事了,因为那时候你可以用电子邮件敦促他们再次访问你的网站(或者访问你希望他们访问的网站)。

以这样的思路创建客户名单,你就会更加明白:在网站上创建名单撷取页,迫使人们在访问网站时做选择很有必要。要么加入,要么离开,你一定要让他们在这两者之间做出明确的选择。

如果你还是很难接受名单撷取页这个概念,那就换一种方式思考吧。请思考一下你的一位订阅者的价值有多大。当你刚起步的时候,这个数字或许很难估量,但我要告诉你的是,在我的利基市场中,按照常规,一位订阅者的价值是每月 1 美元或每年 12 美元。这只是粗略估计,如果要准确衡量电子邮件客户名单的价值以及各种客户名单的特点,恐怕要占用很长的篇幅。在这个例子中,我们就暂定为每年 12 美元吧。

我们假设你还没有创建名单撷取页,但你有其他类型的表格可供访客在网站上订阅邮件。或许在网站右边的菜单上有一个方框,上面写着"订阅电子报刊"。这也算是一种让访客加入你的客户名单的方式,但成功率不太高,因为它只能让大约 3% 的访客订阅你的邮件。也就是说,在下一年度,每名访客的价值只有 36 美分。

计算过程如下:由于每位订阅者的价值是每年 12 美元,而只有 3% 的访客会订阅你的邮件,所以每位访客的价值是 $0.03 \times 12 = 0.36$ 美元。

现在,我们假设你已经创建了名单撷取页。然后你要迫使访客做选择题：要么加入你的名单，要么离开你的网站。有了名单撷取页，你的客户名单转化率很可能大幅提升。在本案例中，我们假设你的客户转化率已经达到了20%，这意味着在下一年度，每位访客的价值将是 $0.20 \times 12 = 2.40$ 美元。

也就是说，假如没有名单撷取页，你在每一名访客身上就会损失2.40 美元，你在每名访客那里只能赚取36 美分，而不是2.40 美元。当然，这只是假设而已，还有各种不同的因素和变量在起作用。但在大多数情况下，只要在网站上创建名单撷取页，就能立刻提升网站的盈利水平，这是不争的事实。

因此，要让名单撷取页发挥作用，关键是拥有一个强大的"选择加入"订阅框（也就是我前面提到过的"小贿赂"）。从根本上来说，当访客进入名单撷取页时，这个订阅框就是你提供给访客的好处，你用它来说服访客加入你的客户名单。

那么，怎样的贿赂才不违背道德又有效呢？这取决于你的"替身"。对你的"替身"来说，他的真正需求是什么？他最害怕什么？他最想得到什么？让我们回到高尔夫球的例子。如果你的"替身"是一名球技平平的男性高尔夫球手，他每周都会和球友打一轮高尔夫球，那么，他可能只是想把球打得比其他人远一点而已，尤其是在打第一杆球的时候。

在这种情况下，不违背道德的小贿赂或许就是一个视频教程，教他如何在第一杆时把球击得更远；或者一份相关的专题报告。

要做好名单撷取页，关键在于这个不违背道德的小贿赂。它无需从一开始就很完美，因为你可以通过后续的测试完善它。但归根结底，名单撷取页是否有效，在很大程度上取决于小贿赂的质量，还有它与潜在客户的希望、梦想和欲望的一致性。

理论已经说得够多了，现在让我们看几个名单撷取页的范例吧。目前为止，我们谈到了以下三个方面：

- 确定你的潜在客户是谁；
- 制作一个不违背道德的小贿赂，并将其赠送给潜在客户；
- 创建名单撷取页。

现在，一切准备就绪，只要你的名单撷取页能够吸引一定流量，客户名单工作就将走上正轨。

来自 InnerCircleSessions.com/training 网站

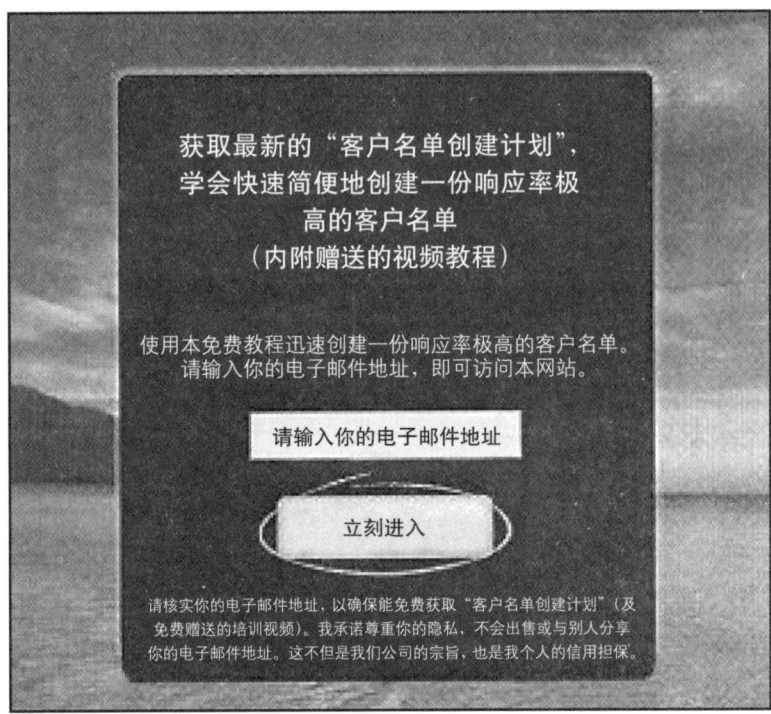

来自 ListGettingBlueprint.com 网站

来自 VictoriaLabalme.com 网站

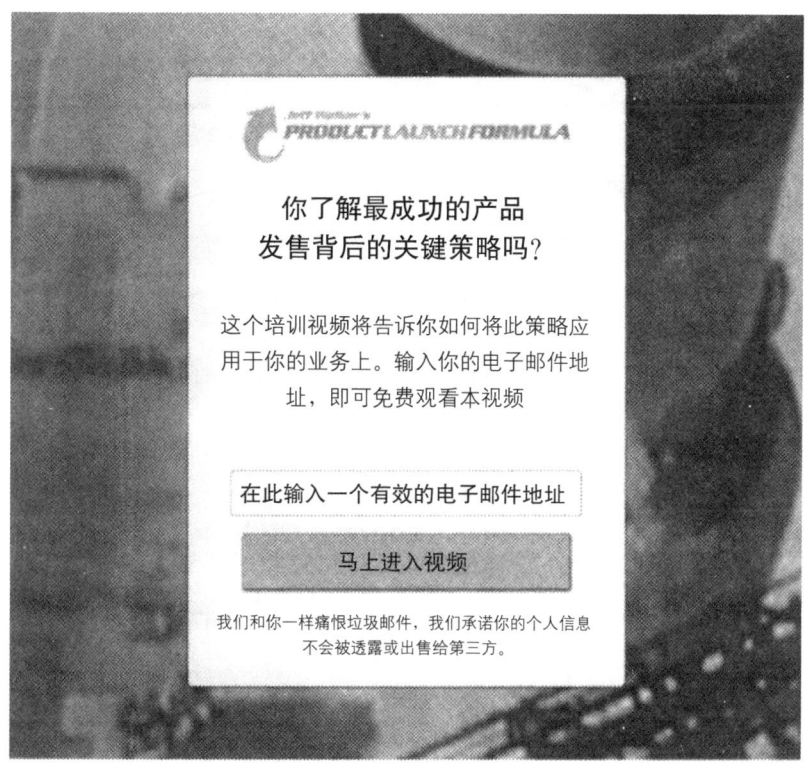

来自 ProductLaunchFormula.com 网站

这样做 SEO，流量滚滚来

吸引流量是热门话题，我或许应该再写一两本书探讨这个话题。但这个话题经常变化，也就是说，如果我真的写了一两本这方面的书，当你读到它们的时候，它们很可能已经过时了。不过，我可以给你一个大致的方向。

提高网站流量的方法很多，大部分人首先想到的是通过谷歌之类的搜索引擎来提高流量，这通常被称为自然搜索流量，也就是网友通过搜索引擎发现你的网站而产生的流量。提升网站在搜索引擎上的排名既是一门科学,也是一门艺术,它能让人倾注毕生的心血。你需要谨记的是:提高名单撷取页在谷歌搜索引擎上的排名并不容易。尽管如此,我还是会在某种程度上将自然搜索纳入到我的业务当中。

提高网站流量的另一种方法就是付费搜索。在谷歌搜索列表的顶部和右边,你会看到许多小广告,它们就是付费的。Facebook 上也有类似的广告。这些广告通常以竞拍形式出售,价高者得。实际上,这个过程非常复杂,但现在我们只需这么理解就可以了。尽管付费搜索的费用不菲,但非常适合用来测试名单撷取页对网友的吸引力,因为只需要几分钟,网页流量就会迅速上升。

通过 Facebook、Twitter 和 YouTube 等社交媒体,也可以提高网站流量。这同样是一个很复杂的话题,我们在这里无法进行深入的探讨,但我在刚开始做在线营销时,还是会考虑使用类似于 Facebook 这样的社交媒体提高流量。

在 Facebook 上创建一个页面只需几分钟,但很快你就可以聚集一大批"粉丝"。你知道,我更偏好于创建电子邮件客户名单,而不是社交媒体"粉丝"名单,但你还是可以通过社交媒体来提高名单撷取页的流量。换句话说,你可以将社交媒体上的"粉丝"转移到电子邮件客户名单中。

提高名单撷取页流量的方法很多,例如创建口碑良好的精彩内容(我个人一直很喜欢这个方法)、其他形式的广告以及在线论坛等。

还有一种提高流量的办法,那就是关联伙伴或者说联营伙伴,即**通过其他拥有客户名单的人来大幅度提高你的网站流量**。这个方法不需要投入任何前期成本,只有当这些流量产生销量时,你才需要付款给这些合作伙伴。这是在短期内创建一份大名单的最快方式。实际上,我也亲自尝试过这个方法,在短短几天内,我的客户名单增加了五万多人。不过,这是一种很高深的策略,现在还没到谈论它的时候。稍后,我会深入介绍所有细节,它们一定会让你大吃一惊。

到目前为止,我希望我已经让你认识到了客户名单的重要性,并意识到创建客户名单在业务拓展过程中的绝对必要性。可是让我抓狂的是,很多人仍然不愿意动手做这项工作。从本质上来说,客户名单就是业务的根基,名单上的潜在客户和现有买家就是企业最重要的资产。甚至对大多数在线业务来说,客户名单几乎就是它们唯一的资产。

自从我开始传授产品发售公式以来,人们最常问我的一个问题就是:"如果我没有客户名单,那该怎么办?"有时候人们也会抱怨:"杰夫,这个公式对你很管用,因为你有一份大名单,而我却没有。"

事实上,我也是从零开始的。刚开始创业时,我的名单上一个客户都没有,但我马上着手去做这项工作,有条不紊地、孜孜不倦地积累客户。有时候,我花了好几天时间才会获得一个新的订阅者,有时候甚至一无所获。但渐渐地,我的努力收到了成效,平均一天开始有三四名网友向我订阅产品。我继续努力着。很快,日均新订阅者数量达到了 30 人,累积下来,每个月就会收获 900 名新订阅者,每年就有 10 800 名。而在许多利基市场,如果你拥有一份覆盖 10 000 名客户的名单,你的年销售额就可以达到几十万美元。

假如你想推出一项切实可行的在线业务,就必须专注于创建客户名单,这是重中之重,是你的核心原则,也是我把这些内容放在本书前半部分的原因。客户名单是产品发售公式不可分割的一部分,因为没有什么方法比产品发售更能让客户名单的效果最大化。

我要告诉你的一个秘密就是,想迅速创建一份客户名单,就必须依靠产品发售。还记得约翰·加拉赫和他的棋盘游戏吗?在那次产品发售过程中,他的客户名单上没有几个人。在没有采用产品发售公式之前，他的首次发售只卖出去12套产品；在他采用了产品发售公式之后，则销售出了670套产品。还有一件事，我之前没有告诉你，那就是：抛开销售量激增不谈，在发售产品的过程中，约翰的客户名单上又添加了1 000名新客户。

按产品发售公式合理策划，你的产品发售也能像约翰一样成功。这是你创建客户名单的最好方式之一。不过，这番话说得有点早。

第 4 章
如何不露痕迹地推销：翻页式促销信

职业杂技演员巴里是杂技圈里的大明星。而一场事故中，巴里的肩膀和锁骨骨折，病愈后的巴里显然不能再靠杂技为生，即将穷困潦倒的巴里如何重新找到财富之门？

早在 1996 年，我就开始接触在线业务。但那时候，我根本不懂销售，也不懂市场营销，一切都是摸着石头过河，于是我犯了一个足以改变我人生的"错误"。那个错误后来成为我的核心策略，正是借助这个策略，我赚得了数百万美元，也让我的客户赚到了几亿美元，并改变了在线销售的格局。这个策略就是翻页式促销信。

刚开始创业时，我不但不知道该如何卖东西，甚至不知道人们已经创立了一整套营销理论。我对各类销售理论和知识简直一无所知，我完全是只菜鸟。因此，我做了一件似乎天经地义的事情：独创一种属于自己的销售方法。实践证明，这种方法非常适用于商业迅速发展的新市场，非常适合日新月异的网络生活。由于互联网的存在，人与人之间的联系日益紧密，销售行业也因此发生了翻天覆地的变化。

想象一下：当你需要某种消费品时，可以马上登录亚马逊网站挑选，并参考买过这件商品的消费者的意见；当你打算去度假时，可以立刻在猫途鹰（TripAdvisor.com）上看到驴友们对目的地的评论；当你想看电影时，可以上网查询网友对最近上映的影片的评分。互联网的好处无所不在。

由于互联网让人与人之间的联系更加紧密，人们变得越来越注重真实性。于是，人们的疑心更重了，仿佛每个人都随身携带着一个巨大的谎言探测器，这个探测器极其灵敏，而且一直处于高度戒备状态。

很快，人们学会了捕风捉影和疑神疑鬼，这都是互联网的副作用。在大多数情况下，传统的销售方式已经不太起作用，或者不如翻页式促销信那么有效。

在阐述翻页式促销信之前，我先介绍一下相关背景。几十年前，直销领域有一种传统的销售工具，叫做促销信，也被称为长式促销信。大致来说，这是一份信件式样的、冗长的印刷广告。这些促销信的篇幅可能达8页、12页或24页，甚至更长。对大部分第一次读到这种长式促销信的人来说，促销信的命运分两种：如果信件主题引起了他们的兴趣，且文字优美，他们会选择阅读这封信，并且很快就被它俘获；相反，如果信件的主题唤不起他们注意力，或者文笔拙劣，它根本不会被读完。

千万别忘了，促销信已经被使用了几十年，并为各种类型的产品带来了数十亿美元的销售额。长式促销信是销售和市场营销领域最重大的进步之一。借用广告行业传奇人物阿尔伯特·拉斯克的一句老话，长式促销信"成倍地提高了销售力"。有了它，你不和潜在客户进行面对面的交流也可以实现复杂的销售。

当对话取代独白

在互联网时代，促销信扮演着怎样的角色？它让在线业务变得更加简便了。实际上，在短短几年时间里，促销信已经在互联网流行开来，而且变得更加冗长，因为你再也不需要花钱把它打印出来。发送一封 40 页促销信的成本与发送一封 12 页的毫无二致，因此，促销信开始变得越来越长。

在过去几年，网络视频兴起。冗长的促销信摇身一变，成了冗长的促销视频，时长一般为 20～30 分钟。你可能访问过一些带有长式促销信或促销视频的网站。它们的版面很简洁，通常只有一个页面，页面上是一封很长的促销信,介绍着他们的某种产品。在这个网站上，除了一个"立刻购买"或"添加到购物车"的按钮，再也没有其他链接了。你要么购买这个产品，要么离开这个网站。

又或者，这个页面有一段促销视频。在这种情况下，网页版面会更加简单，视频的长度从 15 分钟到 60 分钟不等，有时甚至会更长。网站上唯一的链接还是那个"添加到购物车"的按钮。

在 1998 年和 1999 年，美国电子商务和在线销售业务日渐兴起，长式促销信被人们广泛应用到各个领域，尤其是被那些自力更生的小型企业主。然而，长式促销信只在信息营销领域才能发挥作用。

顺便提一下，在这个时期，一些比较大的在线品牌深陷互联网泡沫当中。它们不关心网站的转化率，甚至不关心收益，而是将所有心思放在用户获取率和网站黏度上，因为这两者是华尔街投资者评估的指标。对于互联网企业来说，营业额和利润不是它们最关心的东西，这的确令人难以置信。只有那些斗志昂扬、单打独斗的微型企业创业者才会关心营业额和利润，而正是这些微型企业率先采用了直销技术，并领导在线电子商务走到今天。

不管怎样，当长式促销信被引入互联网在线营销领域时，它确实发挥了作用。许多网站使用了这种老式直销工具之后，转化率和利润都大幅上升。然而，即使这些网站规模迅速扩大，它们的好日子也快到尽头了。

我在无意中发明了翻页式促销信，它的秘诀在于：我并没有写一封冗长的信件，用长达 8 页、12 页或 20 页的篇幅巨细靡遗地讲故事，而是用翻页广告的形式来展示销售过程。

我计量广告的单位不是页数，而是天数。我没有制作一份 10 页的促销信，而是以 10 天作为一个阶段，我没有写一封超长的信件，而是在数天内把它分割成一系列的触点。这些触点即预售内容。

我不认为自己能写出那种充满诱惑力、人们愿意一页页读完的促销信，相反，我借助连续性的精彩内容和故事，让潜在客户开始留意我的销售信息。我并没有发表长篇大论的独白，而是把整个销售过程变成了一场对话（即发售对话）。当潜在客户进入销售页时，我并没有把所有宝贝都押在一个触点上，而是借助多点接触和序列的力量来激发潜在客户的期待感，从而把我的营销活动变成一个重大事件。

从本质上说，翻页式促销信就是一系列含有销售信息的预售内容。典型的预售内容分为三部分，你要在 12 天里与潜在客户分享这三部分内容。目前，这种内容通常以在线视频的方式出现，但也可以借助其他形式，例如电子邮件、博客文章或 PDF 报告等。预售内容要有煽动性、有价值，要自然而然地带动产品的销售。在预售序列快结束的时候，你要把潜在客户引导到销售页上，从而开通购物车，完成销售目的。

我想强调一下预售内容的重要性。预售内容不是宣传用语，制作预售内容的目的不是为了让产品在一两周内人尽皆知，而是为了经由整个制作过程，向潜在客户传递真正的价值。

现在，我们已经了解了翻页式促销信和产品发售过程。接下来，我要告诉你更多操作细节。不过你要知道，翻页式促销信将带来惊人的效果。让我们先来看一个案例。

言辞呲呲不如含情脉脉

巴里·弗里德曼是一名职业杂技演员,且成就不俗。巴里在15岁时开始玩杂技,并迅速迷上了这门技艺,决定成为一名职业杂技演员。然而,他的高中辅导老师告诉他,如果选择做杂技演员,过不了几年他就会穷困潦倒、无家可归。这个预言并没有成真。相反,巴里取得了巨大成就,他在23岁时登上约翰尼·卡森主持的《今夜秀》(*The Tonight Show*),并受邀到白宫表演。

除了精湛的技艺,巴里还善于利用自己的专长做生意。很多公司邀请他现场表演,这份工作为巴里带去了不菲的收入。他的生活有滋有味,衣食无忧。直到有一天,巴里山地骑行时遭遇了严重的事故,导致肩膀和锁骨骨折。在康复期间,病床上的巴里开始思考今后的生计问题。他的杂技事业要求他全国各地到处飞,到处进行现场演出和舞台表演。如今,他要躺在床上休息6个月,而且就算完全康复,他也不确定自己是否还能继续玩杂技。巴里的收入完全取决于他的身体状况以及能否继续登台表演。

巴里收入的高低,与他能否继续工作有着紧密关系,这一点他与常人无异。与上班族每天驱车上班或坐在办公室隔间里整天对着电脑相比,登台表演似乎更令人向往一些,但即使如此,巴里也是在用时间换取金钱而已。虽然他是一名自由职业者,而且每场表演都能获得不菲的报酬,但本质上讲,他仍然在用时间换取金钱。如果他不上台表演,那就一分钱也得不到。

养病期间,巴里开始制定新计划,解决"以时间换金钱"这种模式带来的问题。**他打算用另一种方法赚钱,我把这种方法称为"杠杆手段",即他的收入不再与他的工作时长挂钩。**巴里知道,他的许多同行都不太会做生意，他们不善于自我营销，而策划一场演出可不是件容易事。但这正是巴里的特长，因为除了努力成为一名世界级的杂技演员外，他一直都很善于寻找商演机会，尤其是那些收入颇丰的企业演出机会。他知道如何出售自己的服务，并获得不菲的收入。

于是，巴里决定教人们寻找商演机会。他看过许多在线培训课程，这种形式似乎非常适合用来教艺人获得更多高收入的商演机会。巴里还找到了产品发售公式，并学完了全部课程。他创建了一个名为"获取更多商演机会"的在线会员网站，客户只要每月交 37 美元订阅费，就可以获得持续的培训。

产品发售公式确实非常适合巴里创办的这种会员网站，但我想特别强调一下巴里的下一款产品。巴里决定成立一个高端辅导小组，为客户提供更精准的服务。当然了，这种服务的费用不低。

巴里看过一些高端辅导课程（比如我的产品发售公式），他知道自己能变得多强大。因此，他拟定了一份演艺蓝图计划。这是一套为期 10 周的小团体辅导课程，他的客户每周都要接受几次团体辅导。此外，巴里还为每位客户订制了"优先名额"、每周一次的"办公时间"、私人社区网站以及其他一些优惠服务。为了确保每位客户都能得到个性化关注，这套课程的参加名额只有 15 个。如果报名者提前支付全额费用，则该课程费用为 2 000 美元；如果分期付款，那就要多交一点。

显然，与巴里的会员网站相比，演艺圈蓝图计划提供了一种更高级的培训、辅导和互动体验课程，它针对的是演艺圈的高端客户。这种精品项目非常适合用产品发售公式进行发售，因为购买这种产品是一项重大决策，需要下很大的决心。翻页式促销信为你提供了充裕的时间，让你和客户可以就产品的真正价值进行沟通。

在发售项目时,巴里的客户名单里不足 1 000 人。在第一段预售内容中,他迅速与客户建立起友好关系,并表示充分理解客户的痛苦。实际上,巴里不仅了解对方的痛苦,也亲身经历过这种痛苦。

巴里知道自己的目标客户非常善于获得一些免费的表演机会,例如图书馆组织的活动、节庆汇演以及生日宴会之类,但不知道如何争取到有偿的表演机会。他们甚至没有意识到,他们之前使用的营销方式只能带来低收入的演出机会,甚至赶走高报酬的表演项目。

从杂技演员华丽转型为艺人培训师的巴里

巴里在他的翻页式促销信中指出:一般艺人所面临的真正痛苦是害怕自己丢失本行而不得不另外寻找一份谋生的工作。对一位极具天赋的魔术师、口技演员、喜剧演员或杂技演员来说,变成服务生或卡车司机无疑是一场噩梦。更糟糕的是，他们甚至要承认他们的父母、老师或朋友的看法是正确的，即他们根本无法靠演艺为生！

因此，在第一段预售内容中，巴里告诉他的潜在客户，他真的理解他们，因为他和他们一样，也曾拥有过同样的希望、梦想和恐惧感。然后，他话锋一转，描绘了一个非常美好的愿景，告诉对方他实际上可以用自己已有的技能开拓出业务，并获得丰厚的收入。促销视频的内容大致是这样：

> 我的经历和你们如出一辙。小时候，我很喜欢玩杂技，但别人却说我无法靠这门技艺谋生。我的高中辅导员帕夫利加先生说过，如果我把杂技当成毕生事业，那么我22岁时一定会身无分文，甚至落到无家可归的境地。那时候我就对自己发誓说，我要证明他是错的。
>
> 几年后，当我第一次在《今夜秀》上表演时，我刚好23岁。我站在舞台幕后，听着约翰尼·卡森介绍我和我的搭档，心中只有一个念头：真希望帕夫利加先生在看这个节目。曾有人告诉我，我永远做不了一个专业杂技演员，我选择不理睬他们。现在，我已经上过一百多个电视节目了。而这一切，你们也能做得到！现在，我就要教你们怎么做。

视频内容远不止这些，但这段话奠定了总体基调。从根本上来讲，巴里正在树立自己的口碑，培养自己与潜在客户之间的亲密关系，并且传递鼓舞人心的信息。与此同时，他还创造出了真正的价值，那就是告诉艺人，他们完全有可能获得报酬高昂的大型演出机会，而且这种自抬身价的技能是可以通过学习掌握。最后，视频还表示，艺人完

全可以发挥自己与生俱来的才能，并挣得一大笔钱。视频中没有提到任何与销售有关的字眼，也没有游说客户购买产品，但效果不言而喻。如果你要观看巴里的第一段视频，请登录网站http://thelaunchbook.com/barry。

说一半，藏一半

翻页式促销信中非常重要的一环就是产品发售对话，因为当你想公布预售内容时，通常会利用博客发布视频，而在视频下方，会有一个让观看者发表评论的地方。视频结束后，你要以某种方式要求观看者回应你，比如提出问题或发表评论。

巴里会加入观看者的讨论当中，他会回答大家的提问，并与潜在客户互动。当你这样做的时候，就是把一场独角戏变成了产品发售对话，而对话永远比独角戏有趣得多。评论还能让你深入了解潜在客户的想法和感受，让你发现潜在客户对产品的意见，并让你有机会回应这些意见。

在第二段预售视频中，巴里首先回顾了生意失败带给他的痛苦，然后开始切入正题。视频内容大致如下：

> 如果你失败了，就会证明父母当初的话是正确的，你该怎么办？如果你不能成为一名职业艺人，又该怎么办？如果你想在这一行取得成功，就要把它当成一项事业。你已经花了很长时间来提高自己的技艺，但这只是问题的一方面。演出只是精彩还远远不够，你还需掌控这个行业。你要学会自我营销。

我想到一个办法，不但可以让你的表演更精彩，还能让你把自己的绝活变成赚钱的手段。以下是我在成为一名成功的职业杂技演员过程中所做的工作，里面方法有些很管用，有些则属于无用功。如果你正在犯这些错误，我将告诉你如何纠正过来。

接着，巴里开始教客户一些自我营销的原则和方法，并称这是艺人必备的素质。

很多时候，人们会担心在预售阶段遗漏太多"好东西"，担心潜在客户拒绝购买他们的产品。但根据我的经验，这有些杞人忧天，不舍得放弃一些"高质量"的内容是很多预售内容都会犯的错误。在巴里的案例中，他发售的是一种超级精品，在这个行业，尚未有其他人敢收费 2 000 美元。假如你也打算卖高端产品，那么吸引高端客户的最好办法就是事先向他们传递大量价值，正如巴里那样。

请记住，尽管巴里是一位颇有建树的杂技演员，尽管他靠这门手艺环游世界，甚至还上过电视、去过白宫，但他的大部分销售对象从未听说过他的名字。在教人们如何做生意时，他根本没有任何官方的教学资质证书。因而，巴里实际上只是凭经验去教别人（优秀教师大多是这样炼成的）。可对于大多数潜在客户来说，有一个不争的事实，即巴里是个陌生人。

但是，通过在预售视频中分享大量内容，巴里树立了自己的权威，他向自己的潜在客户表明，他有足够的经验教对方开发客户和拓展业务，并且获得超额收入。

和第一段视频一样，第二段预售内容根本没有出现任何与销售相关的字眼，只有大量实实在在的内容。巴里要树立自己的权威，并与观众建立一种互惠关系（在下一章,我要告诉你心理诱因的神奇作用,它能对你的受众产生巨大影响。权威感和互惠心理正是我在下一章中谈到的两种最重要、最强大的心理诱因）。

我刚才提到过,人们总是担心在预售阶段遗漏太多"好东西",我不妨直说了吧:假如你担心人们在看完预售视频后不买你的产品,那你的担心绝对是必要的。你的大部分潜在客户都不会购买你的产品。事实上,在所有产品发售活动中,绝大多数潜在客户都不会购买产品。这种情况很正常,直销模式本就如此。不过,起决定性作用的是那些购买你产品的客户。请想一想,巴里要卖出多少套价格是 2 000 美元的产品,才能明显改善自己的生活质量？答案是:不需要太多。

图穷匕见,亮明销售重点

在第三段预售视频中,巴里先回顾了一遍他的产品发售故事,然后加快了教学进度。他浏览了许多艺人的网站,并指出其中的错误,最后讨论了如何轻松纠正这些错误。然后,巴里开始阐述销售重点。他说他将亲自指导 15 个人学习演艺圈蓝图计划,并指出正是这个计划使他获得了业内出场费最高的演出机会、约翰尼·卡森的采访和白宫的演出机会。这是巴里首次提到自己的产品,并暗示它的上市已经为期不远。

在最后一段预售内容中提出销售重点至关重要,许多人在这个时候犯的错误就是遗漏了销售重点。**在制定产品发售计划时,人们通常过分注重提供预售内容,反而不愿意在预售视频的最后一部分谈论销售问题。**

为了进行案例研究,我采访了巴里,问了他一些与产品发售相关的问题,并专门讨论了谈论销售的时机问题。不出所料,巴里告诉我,他不会在第一段预售内容中就提出销售重点。巴里喜欢教学,客户也很喜欢他,因为他成功教给他们丰富的知识,他不想用即将上市的产品这个尴尬的话题扰乱已有的良好氛围。但巴里说:"我还是决定遵循产品发售公式。你跟我说要在第三段预售内容中提出销售重点,于是我照做了。这个公式真的有效。"

巴里用了 6 天时间发布这三段视频。当他开放注册的时候,15 个名额被秒杀,总销售额达 29 955 美元。巴里本次发售的成本几乎为零,他只在处理信用卡订单时花费了一点点费用。

产品首次发售的反响热烈,客户也得到了他们想要的结果,这让巴里有了足够的动力再开办一个培训班。也就是说,他的总销售收入将达到 59 910 美元,而此时他的客户名单规模还不足 1 000 人。计算下来,巴里在每位潜在客户身上赚了 59.9 美元。换句话说,他的客户名单上的每个人都贡献了大约 60 美元!

故事并没有到此结束。从那时候起,巴里用同样的视频,又进行了四次产品发售。每次他都成功组建了一个有 15 ~ 18 名学员的学习班。这几次产品发售之后,巴里不再向学员提供单独辅导,这意味着他在利用时间方面又迈出了一大步。尽管他把价格降到了每人 997 美元,但他再也不用花时间去单独辅导学员了。现在,他可以毫不费劲地把产品卖出去,他已经摆脱了用时间换金钱的生活模式,开始利用杠杆效应赚钱了。

到目前为止,巴里已经开了 6 个班级,每个班级人数为 15 到 18 人,大部分人交的学费为 2 000 美元,有些不用单独辅导的学员的学费是 997 美元。也就是说,巴里几乎没花什么钱就实现了 10 万美元的销售额。他不但赚了钱,而且给客户带去了巨大的价值。

这就是产品发售公式的力量所在，也是翻页式促销信的力量所在。它给予你时间和空间，让你和潜在客户充分沟通，并为他们提供真正的价值。它指引你走出市场营销的误区，并把你和其他竞争对手区分开来；它创造了一个极其高效的销售机制，即使你不是一名出色的销售人员，也能靠它创造出色的业绩，并让你在达成交易时不必汗流浃背声嘶力竭。关于巴里·弗里德曼的案例研究，请点击链接 http://thelaunchbook.com/barry 查看。

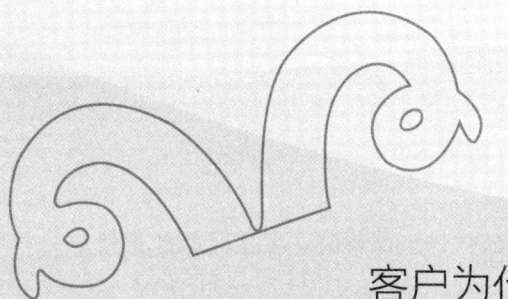

第 5 章
客户为什么购买：施加"咒语"

为什么美国人喜欢在家门前种植一片草坪？
为什么任何宗教都有其传承千年而不变的仪式？
为什么乱成一团的车辆会听从手握电筒的路人的指挥？

2005年我首次推出产品发售公式培训课程时，发生了两件事情。第一件事是，使用了产品发售公式的客户基本都取得了惊人成果，业内人士对它影响深刻，因为产品发售公式比此前常见的产品发售模式强2倍、5倍、10倍甚至50倍。第二件事是，许多专家预测，产品发售公式只是昙花一现，消费者很快就会厌倦它，因为只要人们看过一次这种产品发售活动，它就会成为明日黄花，下一次的效果也会一落千丈。

然而，专家预测的情形没有发生。如今，我的学员取得的成果比刚开始时要大得多。就在我写这本书的时候，我还见证了一场前所未有的大规模在线发售活动。所以，我的结论是，产品发售公式没有过时，在我们的不断改进下，它甚至变得更有效了。

这种模式之所以能一直发挥作用，很大一部分原因是我们在不断完善它，但更主要的原因在于我们所应用的整体策略，这些策略不会因时间的流逝而失效。2005年时，专家没有明白这一点，直到今天，他们当中的一部分人依旧执迷不悟。总之，产品发售公式已经经受住了时间的考验。

在一本关于市场营销和创业的书籍中，上述言论可能有点夸张，但这正是我们在本章中要阐述的内容。此前，我曾向你提到过心理诱因这一概念。

心理诱因是影响我们的行为模式和决策方式的关键因素，它们有着无比强大的力量，并在我们的潜意识中发挥作用。心理诱因早在数千年前就形成，如今它们在我们所有人身上都有着不同程度的体现，除非我们大脑的工作方式发生根本性的改变（这基本不可能），否则它们会一直对我们的行为产生巨大影响。

产品发售公式的部分魅力在于，它仿佛给了你一张可以自由发挥的画布，在准备发售产品的过程中，你可以利用这张画布激活消费者的心理诱因。

心理诱因（连同产品发售序列和讲故事这两个因素）**是取得成功的重要基础**。在预售阶段和发售阶段，只要一次次地触发这些诱因，你就相当于对潜在客户甚至整个市场施加了一种咒语，这种咒语几乎可以起到催眠的效果。

九种心理诱因"套牢"客户

在我详细描述这些心理诱因之前，我需提醒你，它们非常强大，既可以用来行善，也可以用来作恶。坦白讲，我知道这方面的知识会被某些不道德的人掌握和利用，但多年来，我的学员都成为了非常优秀的人，他们按照合乎道德规范的方式运用这些知识，并为这个世界创造了巨大价值。我希望你也能利用这些知识取得令人惊叹的成就，并与世界分享你的天赋。

下面让我们开始吧！以下是我最喜欢使用的9种心理诱因。

权威感

人们往往崇拜那些权威人士,比如只要一看到医生走进体检室,我们几乎就会立刻变得毕恭毕敬,我们对医生言听计从,认真对待他们的建议,即使不认同他们的话,可能也不敢直接提出反对意见。

这种反应非常合理,我们常常希望在别人的指引下做决定。和其他心理诱因一样,权威感能帮我们缩短决策过程。在漫长的人生路途中,我们每天都要做无数的小决定。我们的每一项行动,实际上都经过某种程度的思考。**为了更有效地做决策,我们的大脑发明了一种方法,那就是敬畏权威。**

如果你想在市场营销活动或行业中更具影响力,那就要让别人你视为权威人士。当我还在读高中时,就学习了关于权威感的重要一课。在参加完学校的橄榄球比赛后,我和三位朋友准备驱车回家,当时有好几百名观众也正在离场,因此基本上所有车子在停车场乱作一团,动弹不得。

我的一位朋友很了解权威感的作用,他在车上找到一支手电筒,很快想出一个点子。他走下车,打开手电筒,开始指挥交通。显然他不是真的在指挥交通,而是在想办法让我们的车杀出重围。其他司机看到手电筒的光束后,不禁认同了这位"交通指挥员"的权威,于是很快我们的车就开出了停车场。他指挥交通的权威来自手电筒,人们因为他掌握着手电筒的光束,就认为他属于权威人士。那天晚上,我学会了一个道理:有时,树立权威并不需要太多东西。

产品发售公式是树立权威的一种完美方式。在预售阶段,我们已经与潜在客户分享了高品质的内容,我们在客户心中的权威性就这样自然而然地建立了。巴里·弗里德曼在他的预售中提及自己上过《今夜秀》,并且在白宫表演过,这立刻为他赢得了权威地位。由于他谈论这些成就的出发点是帮助客户,所以并没有给人吹嘘的感觉,相反,这番话加深了他与潜在客户之间的情感联结。

互惠心理

互惠心理是指如果某人给了我们某样东西,我们会觉得有义务回报他。这是一种非常重要的心理诱因,同样是从几千年前遗传下来的。实际上,互惠心理是商业和贸易的基础。贸易的出现,源自人与人之间在某种程度的信任,也就是说,当我们给别人提供某种产品或服务的时候,我们坚信他们会遵守约定并完成这笔交易。

互惠心理是一种强大的心理诱因。例如,我们中的绝大多数人都要过圣诞节,而互赠礼物是圣诞节传统之一。如果一位朋友或邻居突然出现在你家门口,双手奉上一份礼物,而你却没有礼物回赠给他,请相信我,那种难受的感觉简直无以复加。我敢肯定,无论是不是在圣诞节,你都有机会体会到这种感觉。当别人给你一份礼物,而你却无以回报时,你会深感愧疚。

使用产品发售公式时,你要用整个预售阶段给予人们馈赠,向他们免费提供精彩的内容,这正是整个预售过程的意义所在。在你提供这些内容时,你和潜在客户之间就形成了一种不平衡的互惠关系。预售内容价值越高,这种不平衡就越明显。最终,当你要求对方给予回报时,潜在客户报答你的可能性就越大。在产品发售结束时,这种回报等同于销售。

在预售阶段,互惠心理要经历几个阶段。也就是说,在要求客户下订单之前,你要不断地给予他并接纳他。毫无疑问,互惠心理是一种极其强大的心理诱因,你要在产品发售过程中不断触发这个诱因。

信任感

要影响别人的生活,最便捷的方式之一就是建立信任。在很多时候,当父母、老师或信任的朋友告诉你某件事情时,由于你们关系密切,你会对他们所说的话深信不疑,而一位陌生人告诉你同样的事情,你则会心存疑虑。这就是信任的力量。

显然,如果你想影响某个人,而他信任你,这就不是什么难事;如果你想让某个人帮你做一件事情,只要他信任你,事情也会变得相当简单;如果你想说服某个人买你的产品,只要他信任你,这更是易如反掌。在生意场上,要获得别人的信任并不容易,尤其是在当前的市场环境中,每个人每天都会收到成千上万条信息。冲破市场迷雾已经足够困难,要想在这种环境中建立信任,简直难于上青天。

时间是建立信任的良药。你可能会想起以前有位邻居,刚接触时你觉得他有点高深莫测,行为有点古怪,你并没有把他当成朋友,甚至不愿意了解他。但当你和他做了很久邻居之后,渐渐发现他实际上是个可靠和值得信赖的人,于是对他的信任感就会增强。这就是所谓的日久见人心。

产品发售公式和翻页式促销信为你提供的"奢侈品"就是时间。与平常的驱动式广告或促销宣传相比,产品发售公式和翻页式促销信让你有更多的时间与潜在客户互动。与传统的市场营销相比,它们更容易让你与潜在客户建立信任关系。

期望

另一种超级强大的心理诱因是期望,它也是产品发售公式的基础之一。我刚开始讲授产品发售公式时,许多人就把它称为期望营销法。

期望是一种能让你穿越市场迷雾的心理诱因,它能让你紧紧抓住市场的注意力。回想一下,当你还是个小孩时,是否总是在盼望着某个特殊日子的到来?这个日子可能是你的生日,可能是圣诞节,也可能是暑假前的最后一节课。当你期待中的重要日子即将来临时,你的内心会兴奋无比。

话说回来,虽然我们已经长大成人,但从本质上来说,我们仍是一个顽童,心中仍会有所期待。在产品发售过程中,如果能触发期待这一心理诱因,其效果不亚于让客户同时体验到过生日和过暑假带来的双重喜悦。

期望与稀缺性紧密相关。稀缺性是另一种强大的心理诱因,它是指人们所处的环境越是资源有限越是想获得更多的一种心理状况,稍后我会详细介绍。期望还与一些重大事件密切相关,例如人们习惯在日历上把某个重要日子圈起来,然后把所有注意力都集中到这一天。如果你能正确利用人们的期望心理,他们就会在日历上把你的产品发售日圈起来,然后满心期待着这一天的到来,就像追逐电视剧中的故事情节一样,迫不及待地想知道下一集中剧情会如何发展。

当你同时触发期望与其他心理诱因时,其力量会加倍放大,影响力也非常惊人。

亲和力

你肯定接触过亲和力这种心理诱因。简单来说,我们喜欢和自己认识、欣赏和信任的人做生意。如果我们欣赏某些人,他们就能对我们产生影响;如果我们讨厌某些人,他们就会变得无足轻重。

怎样才能更具亲和力?做讨人喜欢的事是方法之一。如果大家都觉得你为人和蔼亲切、慷慨诚实,他们就会更加喜欢你,而人们越喜欢你,你的影响力就会越大。

人们通常喜欢与具体的个人做生意,而不喜欢和冷冰冰的大型企业打交道,这不难理解,不少创业型企业深谙此道。现在一些大型企业也意识到这一点,于是开始调整策略,与客户沟通时尽量做到更加人性化。在这个日益繁荣的数字化时代,我们都在寻求人与人之间更紧密、更真实的联系。

回顾一下预售序列你会发现,一个精心构建的序列会让你更受人喜爱,因为你给人们提供了精彩的免费内容,并回应了他们的问题和评论。这些行为都让你更具亲和力。

重大活动与仪式感

当你把市场营销变成一场重大活动时(借助产品发售公式筹备的产品发售会通常都会发展成一场重大活动),你的营销活动就会立刻变得引人注目。人们都喜欢参加重大活动,就像这些活动与他们的生命同等重要一样。这正是球迷会为一支球队痴狂的原因。事实上,球员和他们素昧平生,但观看自己喜欢的球队的比赛却是球迷生活中的大事件。

重大活动带来的心理作用有另一种表现形式,即仪式感。当人们参加重大活动时,会产生一种仪式感。仪式让人们聚在一起,产生一种独特的体验。仪式几乎是所有宗教的基础。在现代西方世界,我们甚至有点渴望参加宗教仪式,因为我们都渴望经历这种巅峰体验。而体育赛事如同宗教仪式一样隆重,所以在西方人的生活中,体育赛事占据了重要位置。

我们并不是要讨论如何创立宗教或解决体育经营权问题,而是探讨如何因时制宜地利用这个强大的心理诱因。只要把市场营销变成一场重大活动,你就能取得巨大的成就。

群体意识

群体意识是一种非常强大的心理诱因。通常情况下，我们会跟随群体中其他人的行动而行动。我生长于美国中西部，在那里，每个家庭都会在自家门前开辟一片绿色的草坪。

想要让这片草坪一直郁郁葱葱需要花费大量时间、精力和费用。我认为，人们如此辛苦地种植和维护草坪，并不完全因为他们喜欢这些草，还因为当地的社会规范让居民认为自己"应该"种植一片受到精心养护的草坪。

回想一下你的人生，我敢保证，你也曾是许多群体或团队中的一员。这些群体都有各自的行为规范，群体成员的行为必须符合相关的规范要求。各个群体的规范会千差万别，但在群体内部，它们都发挥着巨大的作用。

有件事可能你还不太了解。虽然有些群体看起来规模庞大，你似乎无法对它造成影响，但实际并非如此。你可以在产品发售过程中建立属于自己的在线群体。

一旦人们开始与你互动，他们相互之间也开始互动，那么你就是在创建属于自己的群体。也就是说，你可以创建属于自己的群体规范。这些规范也可以是一些具体行为，例如要求成员帮忙向外界宣传你的预售内容，在你的产品发售博客上发表评论，在你的社交媒体主页上"点赞"或者直接购买你的产品等。

稀缺性

毫无疑问，稀缺性是最强大的心理诱因之一。道理很简单，随着某样东西越来越少，我们就想更多地占有它。实际上，正是因为我们觉得资源会变得稀缺，才想占有更多。这是一种力量。回想一下自己的经历，你会发现稀缺性曾在我们的生活中以各种形式反复出现。为什么人们更钟爱钻石而不喜欢其他漂亮的石头？因为钻石不但难以发掘，而且很难切割，同时钻石储藏量有限，一年少过一年，因而价格昂贵。黄金、劳力士手表和法拉利跑车也是如此。

稀缺性的另一个作用就是迫使人们做决定。当人们需要就某个问题做决定时，我们倾向于推迟和拖延，尤其当这个决定涉及花钱的时候。市场营销的最终目的之一就是迫使人们做决定，这正是稀缺性的作用。如果某样东西十分稀缺，那么就会有人在这种稀缺资源消失前迅速采取行动。

完美的产品发售活动离不开稀缺性。你必须让潜在客户知道如果他们不在发售结束前购买产品，就必须承担负面结果（价格上涨、断货等）。如果你的产品确实包含了稀缺性因素，你就能得到一个完全不同的结果。

事实上，许多销售都是在最后关头才达成。如果你巧妙安排产品的发售过程，顾客在最后一刻购买产品的冲动绝不亚于人们在情人节购买鲜花的热情。这就像情节跌宕的体育运动。如果你已经在产品发售中融入了稀缺性因素，那么在产品发售的最后一晚，你大可以捧着爆米花，窝进沙发看着订单如雪片般涌入你的邮箱。

请再认真阅读并揣摩上述三段内容，因为稀缺性将会改变你的销售结果。在本书教给你的所有方法中，即使你只使用稀缺性这个单一的心理诱因，获得的收益也将是本书价格的一万倍，前提是在每次发售产品时你都要坚持用这一招。

社会认同度

社会认同感是另外一种强大的心理诱因。在以往的市场营销中，社会认同感很难形成，但在以产品发售公式为主导的产品发售活动中，获得社会认同感将轻而易举。

社会认同感是指当我们看到别人在采取某项行动时，我们也倾向于和他们采取一样的行动。通常情况下，当我们不确定该如何行动时，就会从身边的人那里寻找线索。人是社会化动物，会受到身边的人的影响，这是非常正常且合理的事情。

让我举个例子吧。假设现在是晚上7：00，你开着车到了一个陌生的小镇。你肚子很饿，想找一家餐厅吃饭。然而，你的手机没电了，不能上网查看网友对附近餐厅的评价，所以在选择餐厅时，你必须自己做决定。小镇有两家餐厅，一家在道路右边，但它的停车场里一辆车都没有；另一家在道路左边，停车场里有6辆车。你会选择哪家餐厅？我猜你会选择停车场里有车的那家，因为你倾向于认为里面吃饭的人肯定知道哪家的饭菜味道更好。这就是社会认同感在起作用。

即使你手机有电，可以上网查询网友对餐厅的评价，那么实际上你还在寻找另一种形式的社会认同感。你会根据其他人的言行举止来决定自己的行为。

再举一个例子。假设你想下载一个软件或应用程序，你在应用商店搜索的结果显示，总共有30款不同的软件符合你的要求，其中一款软件被下载过350万次，另一款被下载过1.7万次，其余软件只被下载过几百次或更少。你要下载哪一款？大部分人都会选择被下载过350万次的那一款。你会认为其他用户肯定知道哪个软件更好。社会认同感再一次起作用了。

社会认同感同样适用于你的产品发售。由于你的产品发售注重互动性，所以你可以制造各种各样的社会认同感。对刚刚登录你网站的访客而言，如果看到其他人在评论你的预售内容，说你发售的产品让他兴奋不已，而且迫不及待地想购买，那么，社会认同感就会发挥作用，引导这位访客做出有益于你的决定，而且社会认同感的力量通常都大得令人难以置信。

分层与排序：1×9＞9

现在你已大致了解了各种心理诱因。从根本上讲，这些诱因无时无刻不在影响着我们的行为，每天都影响着我们的决策和行动方式。

刚才我只是对心理诱因进行了大致介绍。由于篇幅所限，我只概括了少数几种心理诱因，但实际上它们只是我发现的心理诱因的50%。如果你想深入了解，我已经为你准备好了一段视频，请登录http://thelaunchbook.com/triggers。

谈及心理诱因，你要懂得的最重要的一点是，它们并非相互孤立，许多诱因其实都密切相关，它们以协同的方式发挥着作用。当它们被同时使用时，效果会翻倍。

例如，信任感和权威感紧密相连。当你得到别人信任时，就更容易树立自己的权威；而信任感通常是权威的自然产物。有一个耳熟能详的短语可以形容这两者的结合，那就是"值得信赖的权威机构"。

另一个例子则是稀缺性和社会认同感。如果某样东西非常稀缺，通常是因为这样东西供不应求，这意味着需求量非常大，而需求量大，那就证明它有很高的社会认同感。因此，稀缺性和社会认同感就像是同一事物的两个方面。

心理诱因相关的另一个重点是，当你把它们进行排列和叠加时，它们会变得更强大。这正是产品发售公式之所以具有无可比拟的力量的原因。我们的产品发售公式给予你足够的时间和空间来使用多种心理诱因，并让它们彼此协同发挥更大作用。

在后面的预售序列和发售序列中，我会更深入谈论这一点，包括应该在序列的哪个节点激活哪种诱因。现在我先举一个简单的例子。通常在预售开始时，你要先发布一段很有说服力的内容，为发售产品做出总体承诺，告诉人们这款产品会带来哪些好处。在这个节点上，如果你能与潜在客户分享有说服力的内容，你的权威马上就会树立起来。这样做还可以培养互惠心理，因为你免费向客户提供了精彩内容。你让内容的受众觉得他必须回报你，这种心态通常会融入到产品销售中。而当你在第三段预售内容中大谈特谈将要发售的产品时，人们对产品的期望也随之而来。

当你完成预售阶段继续前行时，人们已经对你的预售内容有了公开客观的评价，这些评价可能出现在博客上、社交媒体上，而无论何种方式，这都表示你已经赢得了社会认同感。此外，在整个预售过程中，你与潜在客户的互动预示你对他们来说具备亲和力，他们甚至还可能对你产生信任。

然后，在预售结束、开通购物车的日子即将来临之际，人们已经开始期待你的产品上市了，你在此刻已经触发了重大活动和仪式心理诱因。紧接着，当你开始谈论即将上市的产品，并提到产品数量有限时，就自然而然地触发了稀缺性。

这是将心理诱因进行分层与排序的简单例子，我希望你已经清楚明白了这些诱因有多么强大。产品发售公式让你有机会综合使用这些因素，让它们本已强大的力量能够实现指数级增长，这才是心理诱因的神奇之处，因为人们对不同诱因的反应不一样。例如，对某些人来说，社会认同感可能对他们的影响更大；而对另一些人来说，信任感和权威感是影响他们决策的重要因素。如果你能在产品发售的各个阶段叠加使用这些心理诱因，那就意味着你策划了一次令人无法抗拒的促销活动。这就是产品发售公式的魅力所在，也是它能够改变游戏规则的原因。

现在，我们已经做足了铺垫工作，为你学习产品发售公式打下了坚实的基础。是时候加快速度，学习产品发售的核心细节了。我们要从产品发售中最不为人所知的那部分着手，这部分内容将是你取得成功的基础。现在，让我们开始学习预售造势吧。

第 6 章

为什么 iPhone 一上市就遭哄抢：造势

如何吸引潜在客户的注意？如何与他们展开对话？如何知道人们喜欢/不喜欢自家产品的原因？如何让客户在你开口之前就掏出腰包？

在阅读本书的过程中,你会逐渐意识到,在发售产品之前,必须做大量准备工作和详细的规划。我能理解你的抱怨,其实我也不希望做这么多事情,但如果你想发家致富,就需要开始行动。如果你认同我的观点,就不应该为这点工作发愁。

通常情况下,你要从预售造势着手。这是一个神奇的时刻,你会看到自己的许多预想已经初具规模,有趣的事情马上就要发生了。

这些年来,我发现很多人想逆向分解产品发售公式。他们看过我的几次产品发售会,然后想逐步分解产品发售的各个环节,从而找到其运作规律。然而,他们不知道,产品发售的某些环节属于机密信息,而这些关键环节一旦遗漏就会满盘皆输。在这些环节中,人们通常最容易忽略的就是预售造势活动,因为这些工作都必须严格保密。有趣的是,它也是整套产品发售公式中最简单易行的环节。

预售造势工作的主要目的在于调动固定客户群体的积极性,如果你还没有一个固定的客户群体,就要在这阶段建立一个。与此同时,你还要做一些其他的基础性工作,比如测试客户对你的产品的兴趣度。你需要知道人们对产品不满意的地方在哪,只有这样,才能在产品发售前改善并满足客户需求。最后，你还要收集各种信息，把产品的最终方案落实到位。实际上，在为产品预售序列做铺垫的过程中，你都在做上述工作。

我把这种预售造势工作称为鸣炮示警。鸣炮示警是海军术语，它指军舰对可疑船只发炮，炮弹会落到对方船首附近，以示警告。这样做的目的，是在不动用武力的情况下引起对方船只的注意。同理，你在产品预售前做的一系列工作都只是为了得到市场的关注，而不是向消费者兜售具体的产品。

听起来是一项艰巨的任务？没错，在预售造势阶段，的确有许多事情要做，可如果你把预售造势工作视作一件简易的事，就会发现它相当奇妙。

一般来说，我的预售造势工作都是通过一两封电子邮件完成。不过，如今社交媒体也成为许多产品发售的主要造势工具。我还使用过视频和调查表。

好奇心就像一个钩子

在产品发售前，我会首先思考产品的预售造势工作。在这个阶段，以下 10 个问题会一直在我脑海中萦绕。

1. 如何让人们知道我即将推出新产品，但又不留下推销痕迹？

一旦人们认为你在推销产品，他们就会产生抗拒心理。想理解这一点可以想一下电影《星际迷航》，电影中每当人们觉察到危险就会说："举起盾牌！"当你的潜在客户认为你有推销的嫌疑，他们对你的信任感就会下降，甚至根本不信任你。所以，在与潜在客户开始谈论产品的时候，不要露出任何推销的马脚。

2. 如何激发人们的好奇心？

好奇心是另一种强大的心理诱因，它与人们的期望值密切相关。好奇心就像一个钩子，紧紧地钩住人不放。如果你在一开始时就激发起潜在客户的好奇心，那你就能在整个产品发售中让他们对你的产品保持兴趣。

3. 如何在潜在客户的帮助下开发产品？如何发挥协同效应？

这是一个很重要的问题，但大多数人都会忽略它。人们会珍视那些他们共同创造的东西。所以，如果你能让潜在客户参与产品的开发，让他们觉得自己是项目的联合创始人，那你就是在把这些潜在客户变成产品的忠实"粉丝"。

4. 如何知道人们不喜欢这款产品的理由？

要把产品卖给别人就必须绕开他们对销售的抗拒，而只有找到他们不喜欢这款产品的理由，才能克服这种抗拒心理。除非你和他们建立了友好关系，你才有可能知道自己被拒绝的原因。遗憾的是，大多数人在发售产品时，根本不清楚人们对产品有哪些意见。而通过预售造势，你可以在产品发售前期就了解这一点。在预售造势期，你也可以回答或解答人们的疑问。

5. 如何与潜在客户就产品展开对话？如何吸引他们的注意？

如何知道人们不喜欢这款产品的理由？如何避免用冠冕堂皇的说辞毁掉我的产品发售？

这个问题与第一个问题密不可分。第一个问题是如何在不着痕迹的前提下让潜在客户知道某些重要产品即将上市，而这个问题增加了投入感，即开始与客户展开对话，并且一直保持对话的状态。换句话说，在预售造势阶段，你发明了一种对话式的营销方式，你不再一个人唱独角戏，从而为发售对话埋下伏笔。

6. 如何使产品发售变得风趣幽默甚至刺激无比？

虽然我交给你的工具非常强大，但在激烈的市场竞争中，要让人们的注意力一直聚集在你身上是一件非常困难的事情。在与潜在客户打交道时，你要把他们的注意力想象成下一秒就可能转移的"炸弹"。因为他们将精力集中在你身上的时间非常有限。这不是危言耸听，现实情况中，你的潜在客户面对着成千上万种可供选择的产品，它们无时无刻不在"拐骗"客户的注意力。你不妨把幽默或惊喜想象成"重置"按键，它能够重新吸引客户的注意。每次让潜在客户嘴角上扬或哈哈大笑的机会，就是把"炸弹"（客户的注意力）的爆炸时间重置为零的时候，这样你就能获得几秒额外的宝贵时间。

7. 如何在竞争激烈的市场中脱颖而出？

这与第6个问题相关。脱颖而出是指唤起潜在客户的兴趣，并将他们的兴趣保持下去。我从不希望自己的市场营销模式和别人的一样，我要与众不同、独一无二，并给客户留下深刻的印象。我一直有个定律：在现实生活中，大部分人并不是十分成功，他们只是普通人。我不想成为平庸之辈，你也不应该如此。所以，千万别做普通人所做的事情。相反，你要观察"普通人"的行为，然后反其道而行之。

从你所在的市场中脱颖而出并吸引客户并不是什么难事，只要做一些与竞争者相反的事情就可以了。

8. 怎样判断客户是否喜欢我向他们推销产品？

可能这个问题听起来有点奇怪，因为你会认为客户在市场上四处闲逛，不是为了别人给他们推销产品。你想得没错，他们的确不喜欢被推销产品，但他们在市场上也面临不少问题，他们怀揣希望、梦想、欲望和恐惧，想找到解决方案。如果你能为他们消除烦恼，他们当然会听从你的建议，向你购买产品。

9. 该如何向客户提供合适的产品？

无论产品发售公式有多么神奇，最终你还是要向客户提供一款优质的产品。在产品发售公式中，我称之为决定性产品。这不是一个专有名词，但你应该懂我的意思：只有给客户提供具有决定性的产品，你的产品发售才能成功。

要推出一种决定性产品，预售造势至关重要，因为当你以正确的方式询问潜在客户时，他们才会告诉你如何推出具有决定性的产品。

10. 如何把预售造势自然而然地导入预售序列？

由于你的产品发售与序列有关，这里所说的序列就是创建一个顺畅的通道，让产品发售那天顺利到来。因此，你要把预售造势与预售序列紧密结合起来，这是自然而然的事情。

"你可以帮我这个忙吗？"

上述 10 个问题总是在我脑海中萦绕，因此，我想通过一两封电子邮件找到解决问题的巧妙策略。幸运的是，我找到了，而且它在 95% 的时候都管用，当然也会对你起作用。这个策略有许多不同的版本，但即使最简单的版本，效果也极其明显。

让我举个例子吧。2005 年时，我准备发售一款与股票交易相关的产品，预售造势工作正有条不紊地进行着。首先我要声明的是，如果你觉得这个故事已经老掉牙了，根本不适合现在的市场，那么我要告诉你，我的产品发售公式辅导课程学员现在仍在使用这个策略，并且取得了巨大的成功。我还要说明的一点是，虽然这个事例关于股市，但它也曾被成功地运用于其他方面，比如吉他教学、保健按摩、宠物照料服务等。

这是一种简单且体面的做法，普通读者并没有意识到这种方法有多么神奇和强大，但我相信你会见识到。我的预售造势工作以一封简单的电子邮件开始，我把这封邮件发给了客户名单上的所有人。近年来，我在Facebook主页上也做同样的事情。邮件内容如下：

主题：简短声明及求助

我是杰夫·沃克。稍后，我将给你发送一份《股市最新信息》，但在这之前，我想请你帮个忙。

经过长时间的筹备，我即将完成《股票交易手册》的编撰工作，并计划在1月初上市。在此之前，我们想征询你几个问题，你可以帮我这个忙吗？

你可以点击以下链接回答问题：http://www.example.com。更多细节，请参照交易手册。

祝好！

杰夫

我给了他们一个真实可用的调研链接，但仅此而已。这封邮件只有寥寥数语，语言平实无华，但开启了整个预售造势工作。光是那封电子邮件，就可帮我完成相当多的工作。读者点击邮件中的链接后，将会看到一个新的网页，其内容如下：

你好！

经过长时间的筹备，我们即将完成《股票交易手册》的编撰工作。我们花了4年时间来制作这本手册，现在终于要圆满完成这项工作了。我们将于1月初推出该手册。

该教程将关注点聚焦在股票交易的支撑线和阻力线上，它包括2本纸质手册、8张CD和1张DVD。我们将把自己所了解的支撑线和阻力线的相关知识毫无保留地传授给你。

这本手册涵盖了创造支撑区和阻力区的所有方法，并告诉你我们是如何在这些区间内进行股票交易的。

不过，我们需要你的帮助。在我们这本手册定稿并付梓之前，我们要确保其内容无遗漏之处。

这就是我们向你发出邀请的原因。请花几分钟时间来回答这份篇幅简短的调查问卷。这是我们对你的唯一请求。

请你告诉我们，在股票交易教程中，关于支撑线和阻力线，我们最需要关注哪两个问题？

我用一封篇幅极短的邮件，对读者进行了极其简单的问卷调查。回顾预售造势相关的10个问题，你会发现，我的邮件对这10个问题进行了一一解答。

如何让人们知道我即将推出新产品，但又不留下推销痕迹？ 我当然让人们知道我即将推出新产品，并且不露任何痕迹地做到了这点。我只是请求他们给予我帮助，请他们对这个项目作出反馈。这封电子邮件表面上是一封求助信，但它在其他方面发挥了巨大作用。

如何激发人们的好奇心？ 我用了好几种方法来做这件事。首先，我告诉他们，有新产品即将上市，但他们目前还买不到。然后，我又告诉他们，只要点击链接，就能"获得更详细的信息"。

接着，我说了非常关键的一句话："经过长时间的筹备，我们即将完成《股票交易手册》的编撰工作。"这句话在电子邮件和问卷调查中都出现了。告诉人们这本手册是"经过长时间筹备"的，相当于让人们对本来就好奇的产品更加充满期待。这一点很重要，因为这样的氛围、好奇心和期望值是相辅相成的。因此，通过在前期植入这种观念，我提高了客户的期望值，为今后的产品发售做好了铺垫。

这款产品真的经过了长时间的筹备吗？我不知道。我只知道自己花了很长时间暗示人们它即将到来，并且创建了一份客户名单，正是他们要求我开发这款产品的。我还知道，我在这个项目上费了很多心思，我已经准备好发售这款产品了。对我而言，说它是经过长时间筹备的，一点都不虚夸。

如何在潜在客户的帮助下开发产品？如何发挥协同效应？ 当我的读者点击链接、进入问卷调查页面时，我问他们最关心的是哪两个问题。通过征求潜在客户的反馈意见，我让他们参与到产品的开发过程中来。以下这句话是重点："不过，我们需要你的帮助。在我们将这本手册定稿并付梓之前，我们要确保其内容无遗漏之处。"

请记住，对于自己参与开发的产品，人们总会抱着珍视的态度。而我需要做的就是提供读者一个参与开发产品的机会。在这里，还有另一种微妙的心理因素在起作用。还记得在上一章中我提到过的互惠心理吗？虽然有点违反常理，但我们现在就是在与互惠心理打交道。你可能在想："这里怎么有互惠心理呢？是因为你要求他们帮忙吗？"

请注意听我的解释。首先，读到这段文字的人都是订阅了我的电子邮件的客户，他们当中许多已经是我的老客户，而由于我每天向他们发送消息，他们已经把我视为专家甚至是"大师级人物"了。

现在，通过咨询他们的意见，我给予了他们足够的关注。在这里，关键词是"给予"。通过给予关注，我正在许多读者心中建立起互惠心理。只需要一封简短的电子邮件和一份小小的问卷调查，我们就可以建立心理诱因的汇合点，它们会在今后发挥积极作用。

如何知道人们不喜欢这款产品的理由？这个问题很简单。在问卷调查中，我直截了当地请求他们提出反对意见。虽然我并没有用"反对意见"这个词，因为人们可不认为自己在反对我。但通过询问他们"最想问的两个问题"，他们会把反对意见告诉我。当你这样做时，通常会发现人们的回复有两三甚至四个共同的主题，这些主题就包含了潜在客户的主要反对意见。

如何与潜在客户就产品展开对话？如何吸引他们的注意力？如何知道人们不喜欢这款产品的理由？如何避免用冠冕堂皇的说辞毁掉我的产品发售？首先，请看一下那封电子邮件和问卷调查，根本没有"冠冕堂皇的说辞"。在邮件的开头,标题就是"简短声明及求助"。大型企业什么时候会在他们的电子邮件中请求客户的帮助？

整个短而精的序列紧紧围绕如何与客户展开对话展开。在请求读者反馈意见时，对话就开始了。

如何使产品发售变得风趣幽默甚至无比刺激？在这款产品的预售造势阶段，我并不确定自己是否做到了这一点，但我能确定的是，在新产品面世之前，我就和读者分享了它的相关创意。我让他们进入我充满创意的世界，这就像是在一个挤满人的房间里跟某个人说悄悄话，其他人看到了，也想知道你对他说了什么。在这个例子中，我正是这么做的。

如何在竞争激烈的市场中脱颖而出？在产品发售之前向客户咨询意见，让他们参与到产品开发的过程中，这个做法非常重要且关键，因为人们一定会支持自己所参与创造的产品。

在产品开发过程中，我只是给了他们一个很微妙或者微不足道的角色，而这一行为却达到了笼络人心的目的，这样他们才会一直支持你的产品发售工作，甚至购买你的产品。

怎样判断客户是否喜欢我向他们推销产品？ 这就是问卷调查的意义所在，除了收集人们对产品的反对意见，还可以给你带来各种额外的数据和信息。

如果进行问卷调查，你最好使用选择题和问答题相结合的形式。人们对选择题的回应程度更高，因为选定选择项比打字方便多了。不过，问答题能让你更深入了解受访者的想法，而这种想法会让你知道如何构建产品预售和发售序列。通常情况下，我会将问卷上的词句复制下来，直接粘贴到预售内容上加以利用。

直销行业有句老话：你要进入潜在客户的心中，与他展开对话。从问卷调查上获得的反馈，让你更容易进入客户内心并与之对话。问卷调查的力量无可比拟。

该如何向潜在客户提供合适的产品？ 这个问题的答案存在于问卷调查的反馈当中。实际上，问卷调查只是刚开始回答这个问题。如果我发售一款信息类或知识类产品，就可能需要不断做问卷调查，直至产品发售为止。所以，在整个准备和预售阶段，我都会不断收集数据，对产品进行微调。

即使你卖的是一些小部件，也可以在产品中添加更多信息。例如，在这次产品发售中，我最终加入了互动问答的远程论坛。由于远程论坛都是在产品发售之后发起的，所以在产品发售过程中不需要投入太多的精力。其他类型的产品发售同样可以采取这样的方法。

如何把预售造势自然而然地导入预售序列？ 发出第一封电子邮件几天后，我给名单上的客户又写了封邮件。我对他们的热情回应表示感谢，并告诉他们，这个项目已经接近尾声，我感到非常兴奋。这段话让我能够继续和客户探讨即将上市的产品，并且不显露任何推销痕迹。我并没有声嘶力竭地大喊："买我的东西！买我的东西！"相反，我邀请名单上的客户和我一起共同开发这款产品。

预售造势工作向他们表明，我很想把这款产品做好，而且对他们问题和要求非常感兴趣。我给他们制造了一种期待，让他们觉得这款产品是最符合他们的需求产品。

信不信由你，我穿着浴袍挣了 11 万美元

预售造势最大的好处是，它虽然简单，但拥有无比强大的力量。虽然这项工作需要动些脑筋，并且要提前规划，但它的实施过程相当简单。请看一下我刚才的例子吧，凭借一封简短的电子邮件和一次问卷调查，我就完成了一次预售造势工作。写邮件和制作问卷只要 1 小时。

解决问题的办法往往不止一种。我曾使用过不同的技巧进行预售造势，但问卷调查最有效。我建议你把这个方法用于第一次预售造势。如果你既想让市场知道你的产品即将上市，同时又想收集反馈信息，这绝对是个好方法。问卷调查给了我一些极其重要的反馈信息，让我知道市场需要什么、潜在客户有哪些反对意见以及我在产品发售过程中应该使用什么样的沟通方式，从而为产品发售积聚力量。

那次产品发售是我第一次销售实体商品。我身后没有大型出版商的支持，只有我自己、我的电子邮件订阅客户和一个简单的小网站。

实际上，我是穿着浴袍坐在餐桌旁发售的这款产品，上图就是开通购物车之后不久，我的妻子帮我拍摄的照片，照片中的我喜笑颜开。而在此之前，随着发售时间的临近，我也经历了一段紧张的时期。当时就像每次发售产品那样，我的手指悬停在鼠标上方，犹豫不决。我想确认一切是否就绪，更想知道点击鼠标之后会发生怎样的事情。

结果答案很快就揭晓了。在我点击"发送"按钮之后不到 4 分钟，就收到了第一张订单。第二张订单在 5 秒之后到达，可谓好戏连台。在之后的 1 个小时，销售额达到 2 700 美元。当我在 1 周后结束产品发售时，销售额超过了 110 000 美元。

我穿着浴袍，坐在餐桌旁开始发售产品

在没有任何附属机构、经销商和销售人员的情况下，我实现了这样的销售业绩，所有的资源不过是一个简易的网站和一份电子邮件客户名单。当然，要取得这样的业绩，除了预售造势之外，还需要其他技巧。除了这封百余字的电子邮件和一份简单的调查问卷，还有其他因素在起作用，这正是我们在下一章要学习的内容，它是产品发售公式的核心和灵魂。现在，是时候把你的预售序列组合起来了。

第 7 章

客户需要什么，我就卖什么：预售序列

从一毕业就失业的无业游民，到网球史上最成功男子双打组合——布莱恩兄弟的合作伙伴，威尔只花了不到一年时间，而且他们的第一次合作就让他赚足 45 万美元，他是如何做到的？

当威尔·汉密尔顿和朋友开始创建FuzzyYellowBalls.com网站时，他关心的是这三个问题：观看在线视频可以提高网球技巧吗？在线辅导能够取代（或补充）实体网球课程吗？人们会花钱在网上学习打网球吗？

刚从大学毕业的威尔·汉密尔顿想成为职业网球教练，但这需要长期的积累——这种"长期"让他兴趣大减。因此，他利用父母家的地下室开始在网上做生意。威尔最初的计划是在YouTube上发布视频，通过做广告赚钱。但他很快明白，这种经营模式没什么前途，因为网球教学课程的浏览量和点击量太少，根本不可能吸引到广告商。

威尔创建了一个专注于网球视频教学的会员网站，他和合伙人将会员价格定为每月25美元。然而，网站经营得也不太顺利，销售额可谓寥寥。10个月后，他们觉得这次创业即将宣告失败了，于是准备关闭网站，继续寻找下一个项目。人们到底会不会花钱在网上学习网球教程？这个问题的答案似乎是否定的，因为报名学习的人数实在太少了，威尔和他的合伙人连基本生活都无法维持。

就在这个时候，威尔发现了产品发售公式。他只准备了几周时间就发售了第一款产品。威尔后来也认为，他的首次产品发售有许多不够完善的地方。但他很快完成了预售工作，并且只使用了产品发售公式中一些最基本的方法。

在本章中，你将会看到，即使你只恰当运用产品发售公式的一些基本原则，效果也相当惊人。在威尔首次发售产品后的第 1 个星期，销售额达到 35 000 美元，这几乎是他们自开店以来，10 个月的总销售额。而由于威尔的产品是通过网络发售的，销售额就相当于纯利润。

几乎一夜之间，威尔的网站活过来了。未来方向非常清楚，他们肯定要发售更多产品。在第二次产品发售中，威尔全力以赴，并且更加严格地执行了产品发售公式，最终销售额翻了一倍，达到 65 000 美元。第三次产品发售的业绩更为出色，销售额突破 6 位数大关，达到 105 000 美元。

每完成一次产品发售，威尔和他的合作伙伴的客户规模就提升一个等级，产品的市场定位就更加清晰，营销技能也更加纯熟。威尔第四次发售的产品是一款名为"网球忍者"的新产品，最终它创造了 170 000 美元的销售额。这次产品发售有一个突破：它引起了职业网球选手鲍伯·布莱恩和麦克·布莱恩的经纪人的关注。这对双胞胎在网球界被称为布莱恩兄弟，他们无疑是网球史上最成功的职业男子双打组合之一，而这一次他们有兴趣和威尔共同开发一款新产品。

布莱恩兄弟与威尔合作的成果就是《布莱恩兄弟双打培训教程》，这是一套成熟的教程，由鲍伯和麦克亲自示范，威尔负责出版和销售。这次产品发售远远超过了以往的成绩，销售额达到惊人的 450 000 美元。几个月后，布莱恩兄弟勇夺温布尔顿网球赛冠军和奥运会金牌，威尔有机会戴着两兄弟赢得的金牌和他们一起合影。下图居中拿着两块奥运金牌的人就是威尔。

威尔·汉密尔顿手持奥运会金牌与布莱恩兄弟合影

我虽然不能保证你使用产品发售公式之后,就一定能戴着两块奥运会金牌与世界冠军合影,但从威尔取得的成绩中可以看出,执行得当的产品发售将会产生巨大的影响。而在威尔的整个产品发售中,作用最大的还是预售序列,这正是本章的要义,因为如果你能把预售工作做好,其他难题就会迎刃而解。

从"快来买我的产品"到"我要买你的产品"

到目前为止,你已经知道了讲故事、预售对话和序列这三种元素的强大力量,并且对心理诱因所产生的惊人影响已经有了清楚的认识。你也了解了翻页式促销信的作用。与此同时,我向你介绍了一些普通人的产品发售经历。他们借助产品发售公式,用不同的产品在不同的市场取得了同样辉煌的成功。

现在，是时候深入细节了，我们要开始深入探讨预售序列。在这个阶段，所有技巧将汇集在一起，也正是从这时候开始，你得把希望营销法从观念中赶走，并真正开始借助强大的产品发售公式来筹划自己的产品发售。

对于预售序列（以及整个产品发售公式），你要记住一点：它不是单独发挥作用的，而是集各种元素于一体，帮助你提高客户转化率，并促进业务发展。美国有句老话叫做"打架也要带着枪"。虽然我不太喜欢使用含有暴力意味的比喻，但我的确很喜欢这句话，它让我想起电影《夺宝奇兵》中的一幕：男主角印第安纳·琼斯遇到一个无恶不作的恶棍，恶棍拔出一把长剑威胁琼斯，琼斯看他表演了半天"剑法"，然后掏出手枪，一枪击毙了恶棍。危机解除，游戏到此结束。这个场景令人难忘。

这正是产品发售公式给你的业务所带来的好处。它改变了游戏规则，并使局面戏剧性地朝有利于你的方向发展。我并不满足于"带枪去打架"，我的意思是，如果我要去跟人打架，那就干脆一步到位，把机关枪和火箭筒一并带上！

我们现在说的不是打架斗殴，市场营销也不是打仗，我们说的是为一款出色的产品策划一场精彩的产品发售活动，为你的客户创造巨大价值。但只有在产品卖得出去的前提下，才能向客户传递这种价值。

简而言之，产品发售就是一个协同合作、精心筹划的过程，它能使销售过程彻底改头换面。并不是某个特定的因素产生了惊人效果，是所有方法、策略和心理诱因共同作用后我们才会为之震惊。产品发售从预售造势开始，现在我们需要趁热打铁，学习预售序列。

执行产品发售公式的关键环节之一，就是向潜在客户兜售产品前，向他们传递价值，并与他们建立亲密关系。这看似简单，实际上，很少有人能做到这一点,更多的情况是,人们通常会做一些类似于沿街叫卖的举动,大声叫嚷着"快来买我的产品!快来买我的产品!"

问题在于,无论你处于哪个行业或市场,都有成百上千甚至上万的人和你一样大声叫卖,他们会与你争抢潜在客户。沿街叫卖很难让你的产品脱颖而出,你的生意也只会越来越难做。媒体宣传如洪水般淹没了我们的日常生活,而且愈演愈烈。总有些人嗓门比你大,叫卖时间比你长,产品价格比你低。

你或许不想参与这种竞争,因为它会消磨你的精力,而最终,没有人可以从这场竞争中胜出。更麻烦的是,当你发售一款新产品或开拓一项新业务时,就会身不由己地与那些拥有大量忠实客户的老牌企业为敌。想要打一场与众不同的战争,你就必须创造一套仅仅于你有利的规则。

如何才能做到这一点?不要为了吸引客户的注意而大声叫喊,你应该在暗示客户购买你的产品之前,为他们创造价值,从而吸引他们的注意。我的朋友乔·波利希有句口头禅:"欲人施于己者,必先施于人。"我觉得这句话很有道理,把它应用于当今的商业环境再适合不过。**互联网经济使给予成为一件轻而易举的事情。** 现在,给予别人某样东西比以前更容易、成本更低,因为你可以在网上赠送别人许多"内容",既可以是书面资料、视频和音频文件,也可以是其他任何形式的东西。而且,给予这样的内容根本不用花太多钱。

需要注意的是,你在给予别人东西时不可太随意,否则不会得到太大好处。假设你的产品是针对企业高管的辅导服务,那么送给他们素食食谱显然不会帮助你提高销量。你要把向客户提供的内容构建成一个序列,让这个序列为你的销售做准备。这才是产品发售公式的精髓所在。

循序渐进：预售三部曲

预售序列一般由三部分预售内容组成。你可以把它想象成一个由开头、中间、结尾组成的三段式戏剧，每一部分预售内容都有具体的工作要做。三部分内容彼此独立，但三者组合起来，才能构成一个完整的故事。你要避免抛出三段毫无关联的内容，否则你就不可能得到理想的结果。

以下是故事的整体框架：首先，你要引导潜在客户识别变化或转型机遇；然后，你开始全方位教学，向客户展示这种变化或转型；最后，你要和客户分享自己的创业体验。在最后一个阶段，你需要将话题的重心转向自己的产品，以及产品对你的潜在客户所带来的影响。

你要把我们在第5章谈到的心理诱因逐步放入整个序列中。在向潜在客户提供免费内容时，你自然而然地触动了他们的**互惠心理**。接着，通过展示你在相关领域的知识水平，你触发了**权威感**这一心理诱因。在产品发售过程中，你顺理成章地获得了客户的**信任感**。而当你收集与预售内容相关的评论并营造对话氛围时，就是在培养客户的**群体意识**。由于你带领潜在客户经历了整个序列，这就相当于触发了他们的**重大活动和仪式感**。最后，随着产品发售日的临近，潜在客户的**期望**就会越来越高。你会发现，预售序列会接二连三地触发各种心理诱因，因为它本来就是按这样的流程设计的。如果这些方法运用得当，你会处于一个极具影响力的位置，而不必依赖一些只适合于二手车店的销售手段。事实上，你正在用人类建立影响力的方式建立自己的影响力，而且是以超快的速度在做这件事。

整个序列包含着不可思议的魔力。即使你不是一名天赋异禀的广告文案人员或一位业务能力超群的销售人员，也同样能够取得成功。

如果你能把这两种才能结合起来,那绝对是再好不过的事情。归根结底,产品发售公式相当于市场营销的均衡器,它让那些没有受过专门训练的营销人员能策划出一场卓有成效的销售活动。如果方法运用得当,在预售即将结束时,你将收获一大批潜在客户,而他们已经迫不及待地等着购买你的产品。

在这里,我要简单说一下预售内容的表现形式。预售内容的制作是一个很灵活的过程,你可以通过电子邮件、博客文章、PDF 报告或音频文件等形式发布,但在过去几年中,大多数人使用的都是视频。视频有许多优点,首先,在当今社会,大多数人看视频的时间显然比阅读时间多得多。其次,制作一个引人入胜的视频通常比坐下来写一份内容丰富的报告容易得多,除非你天生擅长写作,否则还不如用视频来打动客户,因为视频更容易让潜在客户认识你,并让他们觉得与你产生了某种联系。最后,视频比其他类型的内容有更高的感知价值。

一般的视频有两种类型:屏幕捕获视频和全动态视频。屏幕捕获视频是从电脑屏幕捕捉下来的一段带声音解说的视频,你可以用这个方法记录一份 PPT 报告、一段网站演示或某种软件的使用情况。全动态视频就像你在电视上看到的那样,它是用摄像机拍摄下来的。这两种视频没有优劣之分,它们各有千秋。有些人喜欢用屏幕捕获视频,因为他们在摄像机前感觉不自在;而有些人则喜欢用全动态视频,因为不用做太多准备工作。

既然视频成为预售内容的主要媒介,那么在本章的剩下部分,我将假设你要用视频作为预售内容,不过请记住,你不一定非要用视频不可。我发售过许多成功的产品,也就只用过电子邮件这种简单的工具而已。

下面,让我们进一步了解预售内容的每个步骤吧。

第一段预售内容：你为什么应该在意我

第一段预售内容很重要，它必须紧紧抓住潜在客户的注意力，把他们吸引过来。因此，这段内容一定要扣人心弦，并且要回答一个至关重要的问题："为什么？"潜在客户为什么要在意你？他们为什么要花宝贵的时间来关注你？他们为什么要听你的？你能够为他们做些什么？

你该如何回答这些问题？每一款产品、每一次产品推销的背后，都蕴含着某种转变。如果你销售的是一款高尔夫培训产品，你就是在向潜在客户提供一个转变的机会，因为你将帮助他提高球技。销售帮助人们寻找真爱的产品，也是在提供转变机会；销售邮件服务器同样如此，因为他打开邮件的速度将提高 3.8 倍。

有些人就是不喜欢转变这个词，或者他们没有意识到自己的产品具备这样的功能。没关系，只要你喜欢，用"变革"或"影响"这样的字眼也可以。关键在于，你的产品最终能给潜在客户带来哪些好处。说到底，你要么帮助客户解除痛苦，要么给他们带来快乐。

这个道理不仅适用于产品发售公式，也适用于其他销售方式。广告文案人员都知道一句话：如果你有一家五金店，并且店里出售电钻，那你就不是在卖电钻，而是在卖"木头上的钻孔"。人们只想为最终结果掏钱，而不管你卖的是什么产品，他们对实现结果的工具并不感兴趣，因为工具只是实现结果的手段而已，而你要卖给他们的正是这个工具。

让我们换一个角度看待问题。如果你想去自己喜欢的海滨度假，你应该只关心如何高效、安全、舒适地到达那个地方，并且最好少花钱。可能你并不太关心使用什么交通工具，只要能达到上述要求，乘坐什么样的交通工具都没有太大区别，因为你的目的是到达目的地。

现在，你应该已经明白，人们之所以不购买你产品，最首要、最普遍的原因就是他们对你的产品不感兴趣。例如，你可能有世界上质量最好的轮椅，它在现有产品中最舒适、最有效、最可靠、设计最灵活，甚至价格最低，但如果你把它推销给一个根本不需要轮椅的人，那你肯定卖不出去。

人们不愿购买你产品的第二个原因是他们没有钱。他们身上没这笔钱，而且也没办法挣到这笔钱。如果真是这样的话，那就没办法了。

人们不愿购买你产品的第三个原因是他们不信任你。不管你告诉他们你的产品有多好，他们就是不信你的话。他们坚定地认为你在撒谎或者你弄错了。换句话说，他们要么觉得你的道德有问题，要么觉得你能力有问题。

人们不愿购买你产品的第四个原因有点复杂。他们信任你，相信你对产品的理解是正确的，并且认为这款产品很不错，但是他们觉得这产品不适合他们。

举个例子吧，比如你正在向人们兜售某种戒烟方法，你的潜在客户完全信任你，并且相信你的方法对于很多人都有效，但他们在私底下会这样想："我知道这方法对其他人管用，但我已经尝试过十五种戒烟方法了，这一种应该也不适合我。"

对于前两种情况（他们不想买你的产品或手上没钱），产品发售公式也无能为力，但如果你把产品发售公式运用得炉火纯青的话，就能应对第三和第四种情况。要让潜在客户信任你，就必须借助在第一段预售内容中加入以下内容：

做出承诺。告诉潜在客户你的产品能给他们的生活带来变化。

确立地位。告诉潜在客户，他们为什么要听你的。

你不能一直大谈特谈机会，还得向潜在客户传递价值。让潜在客户对产品提出意见，然后回应这些意见，或者承诺在即将发售的视频中回应这些意见。事实上，无论你推荐什么产品，都会有人提出反对意见。你要勇敢面对这些意见。

为第二段预售内容预热。让潜在客户知道，还有一段视频将要发布，并透露一点第二段预售内容的精彩内容，让他们期待着。

号召人们采取行动。在产品发售博客或社交媒体上要求人们发表评论。

第二段预售内容：你的生活会产生哪些改变

第一段预售内容关于"为什么"，第二段则阐释"做什么"，即转型或机遇是什么，它们给你的生活带来了哪些变化。第二段预售内容更多的是教导，教人们一些真正有价值的小窍门或技巧。

在 5 ~ 10 分钟里，教会潜在客户什么技巧才能对他们产生影响？如何立刻改变他们看待人生的想法？这种影响或改变不一定要惊天动地，只要能让他们有进步就可以了。

例如，在推出产品发售公式这款产品时，我的第二段预售内容就是种子式发售模式（你会在第 9 章学到，它是指在没有客户群或产品的情况下进行的快速产品发售方式）。

因此，在第二段预售内容中，我开始教人们如何进行小规模产品发售。由于这段预售视频只有 18 分钟，我不能像在产品发售公式辅导课程里那样深入地教导学员，但我已尽量深入地探讨这个问题了。很多看过这段视频的学员中，有些人已经成功进行了种子式发售。

虽然大部分学员并没有立刻进行种子式发售,但我还是想给他们提供足够的培训,这样他们至少演练过一次。重点在于,如果第二段预售内容能让你的潜在客户看到自己身上发生了你承诺的变化,那你就达到目的了。

以下是第二段预售内容应包含的基本要素,它们能让你的预售内容给人留下深刻印象:

感谢与回顾。感谢人们对第一段预售内容所提出的问题和评论,然后对简单回顾一下第一段内容。

回顾承诺。迅速回顾第一段内容提到过的机遇,但不用花太多时间。别指望你的潜在客户已经看过第一段视频,更不要指望他们留意过或记得它们,要知道他们都非常忙碌。或许产品发售对你来说很重要,但对他们也许无关紧要。

简要回顾你的地位。你要让他们记得你是谁,以及他们为什么要听你的。但不要花太长时间,请速战速决。

进行案例研究或教一些实用的东西。你要给观众创造一些真正的价值,教他们一两样可以马上派上用场的实用技巧。

解答疑惑。谈谈客户提出的两三个重大的问题。你要追踪潜在客户的最大疑惑,直至你所承诺的转变已经成真。

为第三段预售内容预热。你要让他们知道,还有一段视频即将发布。透露一点那段视频的内容,增强他们对视频的期待感。

号召人们采取行动。在产品发售网站或社交媒体上要求人们发表评论。

第三段预售内容：跟我学，慢慢来

第一段预售内容关于"为什么"，第二段讲述"做什么"，第三段要开始回答"如何做"这个问题。

换句话说，你已经向潜在客户展示过可能会发生的变化，例如学会弹钢琴，让自家草坪更茂盛，让爱犬更温驯或是掌握冥想打坐的技巧。但是他们通常不知道如何让自己的生活发生这种变化。而问题的答案就是购买你的产品。在第三段预售内容的末尾，他们就会得到这个答案。但开始时，你要继续为潜在客户创造价值，而不是号召他们购买你的产品。

在整个预售序列中，你要做的最重要的一件事就是制造惊喜和悬念。请把预售序列想象成一部电影或一本小说。随着故事的发展，你会看到"剧情上升"，这个术语是我上高中写作班时常用的，它的含义是故事正往高潮发展。每发布一段预售内容，你的节奏就应该更快，兴奋感也更强烈。以下是第三段预售内容应包含的基本要素：

表达你的感激和兴奋之情。感谢你的观众在第二段预售内容中所提出的问题和评论。告诉他们，你和他们一样兴奋（如果你在第一和第二段内容中表现出色，你的观众就会非常兴奋）。

快速回顾承诺，再次强调你的地位。别指望他们记得（或看过）你的前两段视频。简短地向他们描述一下机遇，并告诉他们你是谁，他们为什么要听你的。不要在这上面花太多时间，要一带而过。

有可能的话，展示一小段案例研究。

回答人们问你的几个重大问题。换句话说，你要对人们的反对意见做出回应。也许在之前的预售内容中，你已经做过这件事了，但即便如此，在现在这个阶段你还是要再做一遍。人们会问一些不同的问题，也就是以不同的方式提出同样的反对意见。所以，你要继续回答那些不断出现在评论里的问题。

向潜在客户讲解你的宏大规划及实现规划的方法。这时，你要后退一步，思考哪些事情是可以实现的。如果你的潜在客户购买了你的产品，他们的人生最终会发生什么变化？

将话题重心转向产品推荐，实现"软着陆"。用最后1/4的时间来完成这项工作。现在，你的潜在客户已经爱上你了，因为你给他们带来了巨大的价值。是时候让他们为即将到来的产品做准备了，这就是所谓的"软着陆"。

你肯定不想在上一段视频中还和他们是好朋友，但转眼就在另一段视频中成了二手车销售员。因此，你要在产品还没发售时就提醒他们，你要向他们推荐一款产品，而他们将会迎来人生转变，如果他们准备好了话。

为你的产品发售培养稀缺性。你要在产品发售中体现出产品的稀缺性，而在预售内容的末尾，你要向人们提及这种稀缺性。但要注意，千万不要用稀缺性打击潜在客户，因为他们在这个阶段还没有看到你推荐的产品。但这是一个很好的时机，你要提醒他们留意你的下一封电子邮件，因为你推荐的产品将是限量发售的。

号召人们采取行动。在产品发售网站或社交媒体上要求人们发表评论。

以上，便是预售序列的全部内容。如果操作得当的话，你不但可以和潜在客户建立一种亲密关系，还可以体现你无可辩驳的权威，并让人们产生互惠心理。而在这个过程中的每一步，你都要给潜在客户创造巨大的价值。

当潜在客户在你的博客留下评论时，产品发售对话就开始了。人们开始浏览彼此的评论，甚至开始往来交流，这样的对话让人们逐渐形成一个群体，从而赋予你强大的洞察力，知道潜在客户最不能接受的东西是什么。此外，通过评论你还可以评估预售内容是否打动了潜在客户。

我要在这里提一下与案例研究和法律相关的问题。在深入这个话题之前，我要澄清一点：我绝对不是一名律师，也没在电视上扮演过律师，所以我所说的都是行外话，你千万别把它当成专家观点。此外，在我写这本书的时候，还不清楚相关的法律法规是否有所更新。但最基本的一点已经非常明确，即多年前，美国联邦贸易委员会颁布了当前增在使用的广告代言法规。具体内容指，所有产品的广告代言必须以实际使用效果为基础。

过去，卖家在公布产品结果时，会加上一则类似于"该结果不具代表性"的免责声明。现在，这样的免责声明已经不管用了。这方面的问题我不打算进一步解释，因为我毕竟不是律师，而且这个话题还存在许多争议。

之所以谈到这个话题，是因为我们要在预售内容中引入案例。在写这部分内容时，在什么情况下案例分析会与广告法规相抵触我尚不清楚，所以如果你对销售过程的某个环节或预售内容存在疑惑，但又决心在美国销售产品，最好还是找律师咨询一下，看看自己是否遵守了相关法规和准则。

优秀预售序列的关键：创造价值

现在让我们思考一个关键问题：预售序列应该持续多长时间？发布每段预售内容的时间间隔要多长？一切要视情况而定。

我个人策划的预售活动从3天到27天不等，但我不推荐你在最初几次发售产品时用这两种极端的时长。在刚开始时，预售时间最好是7～10天，计时要以你发售第一段预售内容为开始，真正发售产品和开始接订单为结束，也就是我们所说的开通购物车之时。

假如你销售的是价格较低的产品，例如单价为27美元的电子书，那我认为预售时间可以短一点，7天或者5天就足够。假如你销售的是价格较高的产品，例如单价为297美元的豪华游轮求职培训课程，那我建议预售时间长一点，比如10天左右。

一个为期7天的预售序列通常是这样的：

第1天：发售第一段预售内容

第3天：发售第二段预售内容

第5天：发售第三段预售内容

第7天：开通购物车

一个为期10天的预售序列通常是这样的：

第1天：发售第一段预售内容

第5天：发售第二段预售内容

第8天：发售第三段预售内容

第10天：开通购物车

安排预售序列时你要记住关键性一点：预售内容远比预售序列的时长重要。只有你向客户传递真正的价值，并遵循我教给你的产品发售公式，一切才会顺利。

现在你可能已经在思考一些让预售序列奏效的具体细节。但请先后退一步，从大局角度思考。有时候，人们第一次看到产品发售公式时，会认为它只不过是一堆运用心理学技巧迷惑潜在客户的市场营销把戏而已。现在，如果你能把这些技巧运用起来，我承诺其作用不亚于对潜在客户施加魔法。

制订优秀预售序列的过程，就是为市场创造巨大价值的过程。你要为那些参与整个发售过程的潜在客户创造价值，这是你必须要做的事情。但这并不意味着你要血本无归，也不意味着你要讨好那些整天寻找免费赠品却从不买任何产品的人，更不意味着你要用尽自己的所有资源赔本赚吆喝。

创造价值是指发布真实的内容，给人们传递真正的价值。你不但要唤起他们的兴趣，还要给他们实质性的东西。例如在第一段预售内容中，你要教会他们识别机遇，但又不能光谈机遇。我发售产品时都会得到大量产品评论，客户往往讶异于我所提供的内容。推出产品发售公式辅导课程时，数以百计的人借助我在预售阶段提供的免费资料成功发售了产品。我觉得这是个了不起的成绩，因为除此之外，我没有其他办法把产品卖给客户。我要穷尽一生为客户创造价值。

归根结底，你的人生和事业是否成功，与你在这个世界上创造的价值紧密相关。而创造价值的最佳方式，就是筹划一个令人印象深刻又能创造巨大价值的预售序列。你不用等待太长时间就会看到成果，因为成果会在产品发售日，也就是开通购物车的时候如约而至。

第 8 章
三，二，一，发售！

　　为什么商场打折总是喊"最后一天"？折扣在最后一天的诱惑是前面几天的多少倍？什么额度的折扣对客户来说最有吸引力？除了利益诱惑，还有哪些途径能够有效掀起抢购风潮？

苏珊·加勒特非常要强，现在她正要参加一场竞赛。她已经报名参加了我的产品发售公式培训课程，而她丈夫并不知道她花了这一笔钱。苏珊下定决心，她要在丈夫看到信用卡账单之前把报名上课的钱挣回来。由于她既没有客户名单，也没有产品，而信用卡账单会在一个月之内送到家里，所以她面临着不小的挑战。

苏珊是一名训犬师，她热衷于帮助养狗人士和他们的狗过上更好的生活。作为世界上最优秀的训犬师之一，苏珊尤其擅长训练狗的敏捷性，在这方面她已经在美国和加拿大赢得了超过 25 个冠军。

苏珊的业务遍布世界各地，她需要经常去欧洲、澳大利亚和新西兰出差，与自己的学员一起工作。对于一个非常渴望帮助养狗人士和他们的狗的人来说，这是一份刺激而有成就感的工作。

但对于把家安在多伦多郊外的苏珊而言，这份工作也意味着她要制定一份紧张的旅行计划，即便这样她也无法持续帮助自己的客户，因为她在海外举行的培训班都只授课一次性。苏珊正努力减少出国授课的次数的时候，她的丈夫患上了心脏病。

健康问题常常变成人们生活的重心，这种情况时有发生。于是苏珊想大幅减少出行次数以照顾家人，但她要考虑两个问题：一是如何继续指导她那些遍布全世界的客户，二是如果她不再到国外举行培训讲座，该如何弥补收入方面的损失。

当时，苏珊已经制作了一些培训 DVD 光盘，但销量一直不高。那些光盘很好地补充了苏珊的现有收入，但无法取代培训班的收入。大约就在这个时候，苏珊发现了产品发售公式，于是报名参加了 2008 年的产品发售公式培训课程。这是一笔不小的投资，她决定在信用卡账单寄来之前发售一款产品，以支付课程的全部费用。

苏珊面临着不小的挑战，她一无产品，二无现成的客户名单，且在此之前几乎没有任何发售相关的专业技能。苏珊有的只是追求成功的强烈愿望。正是这种对成功的渴求让苏珊有机会问鼎冠军宝座。

苏珊有 1 200 位客户的电子邮件地址，所以她决定从老客户着手。从我的培训课程中，她知道自己需要一个主机来保存客户名单，所以她在 Profollow.com 网站上申请购买了我的主机托管服务。最终，苏珊说服了 700 位老客户加入她的名单。然后，她利用之前的文章汇编成一本电子书，定价 14.97 美元。一切准备就绪，就等着发售了。

苏珊策划了一次非常简单的预售活动。由于她缺乏专业的产品发售技巧，预售工作完全通过电子邮件进行。她并没有按序列发布预售视频，而是向客户发出一系列的电子邮件，为他们提供真正的价值，引导他们购买产品。

这次产品发售的效果立竿见影，取得的成绩简直令人惊叹。苏珊赚了 27 000 美元，这笔钱足以支付产品发售公式的培训费用。通过这次发售，苏珊不但开创了一项新事业，而且客户的热烈反应让她明白了产品发售公式的价值。而之前她的 DVD 年销售额从未超过 1 万美元，且销售 DVD 需要做大量准备工作，包括预备库存、寻找经销商合作、运输产品等。此次产品发售取得的业绩,几乎是她以往最佳年销售额的 3 倍,但这一次的成本几乎为零,且前后只花了几个星期。

苏珊夺冠照,这是她赢得的众多冠军之一

对苏珊来说,这仅仅是个开始。当你的产品发售取得骄人成绩时,你绝对不会就此罢手。从那时起,苏珊打造了一条完整的犬类训练产品线,单价从最低的 47 美元到最高的 4 997 美元不等。每推出一款新产品,苏珊都要进行一次产品发售,而每次产品发售的效果都比上一次更好。苏珊的培训课程都是在线进行,她的学员遍布全世界。在我所见过的各行业客户群体中,苏珊客户群的忠诚度是最高的,她已经成为犬类敏捷性训练领域公认的大师。

苏珊的成功让人赞叹。在业务刚起步时，那款售价为 14.97 美元的电子书其实只是她在几天内匆忙拼凑起来的，而其初衷居然是为了在信用卡还款日到来之前支付产品发售公式的学习费用。随着时间的推移，苏珊的业务规模逐渐扩大。如今，苏珊已经聘请了一个团队来帮助自己拓展业务，他们大幅度改善了成千上万的养狗人士和他们爱犬的生活。苏珊的产品发售经历已经成为业界的传说，她的故事是产品发售公式史上最成功的案例之一。你可以访问 http://thelaunchbook.com/susan，浏览我对苏珊的案例的分析研究。

宇宙飞船发射前的十秒

下面是时候谈谈发售本身。如果你一直坚持读到现在，说明你已经认可了一个与产品发售公式相关的重要事实，即产品发售离不开大量的准备工作。我也希望不要做太多事情，因为每个人都想少干活，多赚钱。产品发售公式可以帮助你轻松制定一个完美的销售计划，但你需要把这份计划付诸实施。产品发售的最终成果不会辜负你付出的这份努力，不过，产品发售日才是让你的工作收获成果的时候。

我很难描述产品发售日带给人们的兴奋之情。人们筹备了几周甚至是几个月，就是为了这一天。产品发售日让我想起孩提时代做过的一件事情。当时，我拿着一面放大镜，走到太阳底下，把阳光聚集到一块木头上面。产品发售与此类似。为了迎接这一天的到来，你积攒了无数的能量，竭尽全力引起客户和市场的注意。这就是产品发售的全部意义所在。如果你已经按产品发售公式的要求去做了，就会把市场的兴趣提升到一个巅峰状态。自然而然地，你的情感和能量也会处于巅峰状态。

我断言，你将永远不会忘记第一次点击"发送"按钮和开通购物车时的感觉。我的一位朋友是宇航员，他曾去过三次国际空间站。他向我描述了宇宙飞船发射升空前几秒的情境，那种瞬间加速所带来的力量感简直妙不可言。虽然这听起来很傻，但他的描述让我想起一次完整的产品发售时的感觉。在发售产品时，你将获得类似的瞬间加速感，这种感觉美妙无比。

我曾帮助客户发售产品。我们的预售工作做得非常到位，我们深感胜券在握。前期迹象显示，这次发售必定十分成功。在产品发售前36小时，许多人向我们询问产品及其价格。实际上，在预售的最后一天，产品发售博客上的评论已经从询问预售内容变成了询问产品本身。这是一个好兆头。

但无论预售工作做得多么出色，你的内心深处总是充满疑问。你不禁会想："大家会掏钱买这个产品吗？"

在产品发售日早晨，我们把销售页的链接发给了客户。这个链接指向的并非实际的销售页，而是一个开业倒计时的计时器。当访客坐在电脑前看着这个计时器的时候，我们则坐在电脑前看着服务器数据。那些数据显示有多少人正坐等我们发布销售视频，包括有多少人正在登录网站，他们登录的是哪一个页面以及在那个页面上停留了多长时间。数字在不断攀升。在距离产品发售还剩30分钟的时候，有100个人在坐等我们开张；还剩20分钟的时候，人数攀升至300人；还剩10分钟的时候，人数飙升至600人。

此时，我们发现服务器的负荷逐渐加重，因为访问销售页的客户开始点击网页浏览器的"刷新"按钮。他们迫不及待地想看到我们在销售页上传的产品。就在这个时候，我通过Skype与产品发售团队发了一条即时消息："客户来了！他们想买我们的产品！"

几分钟后，我们准时开始现场直播。客户立刻做出反应。几分钟之内，我们的销售额达到了 10 万美元；在第一个小时，销售额达到 50 万美元；几天后，当我们结束产品发售时，销售额超过了 300 万美元。

不是每次产品发售都能实现 300 万美元的销售额。在我的产品发售销售额第一次达到百万美元之前，我做过几十次产品发售。业务刚起步时，即使你取得的成功并不惊人，其产生的影响力却不可估量。

当我知道自己的学员首次发售产品的销售额就达到 3 000 美元、8 000 美元或 27 000 美元时，那种兴奋程度比我自己赚到了百万美元还要强烈，因为我知道，一旦我的学员迈出这一步，他们的人生就永远改变了。他们很快就会进行更大规模的产品发售，他们也永远无法忘记点击"发送"按钮后订单如潮水般涌入的那一瞬间。

善用稀缺心理学，掀起抢购狂潮

我们一般用购物日来指代产品发售日，因为你会在这天开通自己的购物车，开始接受客户订单。可能你已经猜到了，发售结束这天就被称为关闭购物车的日子。虽然我们并不会真的关闭购物车，但你仍然要明确地告诉客户，产品发售活动已经结束。现在谈论这个话题为时过早，稍后我再回到这个话题。

如果到目前为止，你一直按我告诉你的流程做事，那你已经拥有了一组强大的预售序列，它将带领你一路走到购物日。你的预售内容与客户名单相关，你激发了客户的心理诱因，营造了权威感、社会认同感及群体意识。在预售的最后几天，你的产品具备了稀缺性。最后一段预售内容给你提供了强大的支撑点，你开始向人们宣告产品即将

到来。换句话说,你已完成了销售过程中最繁重的工作。

启动产品发售的方法十分简单。你要制作一个优质的销售页面,内容通常是一段销售视频或一封促销信。尽管经历过你的产品发售序列的人已经知道产品预售的内容,但你可不能对销售信息敷衍了事。你要从向客户承诺开始,然后告诉他们整个产品的故事。

无论你是用销售视频还是促销信来制作销售页,一旦准备就绪,下一步要做的就是向参与产品发售的客户发送邮件,让他们知道你已经准备好开张了。邮件内容应简明扼要,里面要有销售页的链接。到目前为止,你已经花了足够多的时间和精力铺垫,因此,这封邮件一定要开门见山、直奔主题。

以下是购物日电子邮件的范本,我发售产品发售公式培训课时,用的就是这封邮件:

各位:

我刚刚开放注册了产品发售公式课程,该课程现已接受预订。请点击以下链接,申请购买产品发售公式课程:http://www.productlaunchformula.com。

之所以稍微提前开放注册,是为了减轻服务器负担,避免抢购导致网络堵塞。

此致

杰夫

备注:你不必惊慌,课程名额并没有立马被销售一空,但是如果你希望参加产品发售公式现场研讨会,那就千万

> 别迟疑，名额很快就会卖完。以下是产品发售公式的链接：http://productlaunchformula.com。

正如你看到的，这封电子邮件简明扼要。邮件开头只有一句话，然后就是促销信的链接。当然，在我发出这封电子邮件之前，已经确认过这个链接一定可以打开。

请注意，大部分人在看电子邮件的时候，都会留意备注中的内容。所以我用它来触发人们的稀缺性诱因，提醒邮件阅读者不要延迟订购，否则他们会错失参加现场研讨会的机会。

我不怕你说我啰唆。在发送那封开通购物车的电子邮件之前，请确保你已经检查并测试过每一个步骤，甚至重复测试也是有必要的。你的销售页是否可用？页面上的所有链接是否都可以打开？你是否已经编制好订货单，并且校对过单据内容？你是否已经仔细检查过整个订购流程？客户下单后，你会第一个知道后面所发生的事情吗？客户购买产品后，感谢页面如何设置？确认订单的电子邮件该怎么写？订单履行程序制定好了吗？

如果一切已经准备就绪并经过仔细检查，那么是时候发出这封电子邮件了。我得告诉你，无论我发售过多少次产品，每次在给客户发邮件之前，我都十分紧张，在点击按钮发送开通购物车邮件之前，我仍然会犹豫不决。这是一个重要时刻，因此难免忐忑不安。但只要你做了最后校验，那就可以马上发售产品了。

一旦你的产品发售开始启动，前一两个小时就会像是观看一场引人入胜的体育赛事。你肯定会为前期的结果感到心神不宁。当收到第一张订单时，你终于可以松口气了，因为它意味着一切运转正常。

收到第一个订单后，我通常会花一两个小时观察各项数据。我会观察网站的流量、客户打开和点击产品发售邮件的次数、订单数量以及订单背后的细节（即人们所做的选择）等。

要观测的数据规模非常庞大，就算你花上一整天估计也看不完。但一小时之后，你必须从这些数据中抽身，重新投入工作，因为你的购物日才刚刚开始。我在"资源页"上传了一些我最喜欢的数据和数据分析工具。查看请登录网站http://thelaunchbook.com/resources。

生意开张当然令人兴奋，但它只是整个产品发售序列的一个组成部分。一般来说，产品上市的时间应持续4～7天。有时候，我的产品发售时间更短，我的产品会在24小时到36小时内销售一空。除非你已经发售过好几次产品，积累了一定经验，否则你要避免压缩产品发售时间。在产品上市时间过短的情况下，假如不小心犯下错误，就会几乎没有时间纠正。对于首次发售产品，上市时间保持在5天会非常好。

产品上市后的效果取决于你所在市场、推出的产品以及整套发售策略。不过，通常来说，你会在第一天获得大约25%的订单，在最后一天获得大约50%的订单。之所以第一天的效果如此明显，是因为你已经使客户对这款产品充满了期待；而在最后一天销量剧增，是因为稀缺性心理诱因开始起作用。显然，余下的订单会在产品发售开始和结束之间逐渐到来。

利益"恐吓"

一次成功的产品发售，离不开完美的句点，这是一项基本准则。你要明确告诉客户，如果他们不在产品发售结束前购买你的产品，将会遭遇不好的事情，即错失好东西。这种消极的结果会让你的产品具备稀缺性，因此产品销量会在最后的 24 小时剧增。

很多人会尽量避免在产品发售后期制造稀缺性。你千万别犯这种错误，否则会自食其果——销量减半。在产品发售的最后阶段，你要采取一些真正行之有效的方法才能获得事半功倍的效果。

什么是稀缺性？如果人们在产品发售过程中不购买你的产品，会遭遇哪些消极的事情？总而言之，制造稀缺性的主要方法有三种：

涨价 在产品发售过程中，你给顾客提供的是特价，顾客只有在这个阶段购买才能得到这个价格，而在发售最后阶段价格要恢复到更高的水平。这一点很容易理解，它就像是商场的盛大开幕促销，感恩节之后的超级购物日。虽然涨价很容易操作，但进一步吸引顾客购买的功能并不是特别强大。

取消额外奖励 让我们假设一下，你正在推销一款吉他教学课程，在产品发售阶段，客户购买你的产品就可以获得一份特别奖励，即可以通过 Skype 从你这里接受一次个人吉他辅导课程。而在产品发售后期，这种奖励将取消。这将营造一种非常强大的稀缺性。如果你向客户提供的是极富吸引力的馈赠，那么取消奖励将比涨价更具威胁性。

产品会下架 在产品发售阶段，如果客户不购买你的产品，那他们就会与这次机会擦肩而过。也就是说，他们永远失去了购买一款优质产品的机会。在大多数情况下，这是最有效的稀缺性诱因，比涨价更能激发人们的购买欲。但唯一的问题在于，这种稀缺性不太适合某一些产品。

例如，如果你要开一家餐厅，那你肯定不希望几个星期后就关门大吉。我个人经常使用这种稀缺性，它很适合我的产品，因为我的产品是以类似于大学授课的方式向一群学员教授课程，也就是说，我接受报名的时间有限，如果有人错过了报名期，就无法参加我的课程。

如果这种稀缺性适合你的产品，那它就是一种极其有效的激励因素，能刺激人们购买你的产品。

关键点在于，你可以把这三种形式的稀缺性结合在一起使用。在产品发售快结束的时候，如果你能使价格上涨，并且让产品下架，那你的产品就具备了更明确的稀缺性，产品发售效果也更加显著。最后请记住，能够利用这三种稀缺性并不意味着可以操纵别人。这些稀缺性必须真实存在才能起作用。

以稀缺性结束产品发售会助你取得极佳的效果，因为你的潜在客户可能正在迟疑。如果你的产品非常棒，能够给他们的生活带来巨大影响，那你要尽量给他们一个好理由帮助他们克服犹豫不决的毛病。你要用感叹号结束自己的产品发售，在稀缺性当中注入一丝紧迫感，这才是正确的方式。

在开通购物车期间，你不应该掉以轻心。我看到许多学员在最后阶段泄气，因而错过赚钱的好机会。在这个阶段，你每天都要坚持给潜在客户发电子邮件。以下是利用电子邮件提醒潜在客户购买的具体操作方法，在这里我们假设你的产品发售活动将持续 5 天。

在产品发售日，你要发出两封电子邮件。第一封是在开通购物车的时候，第二封则是在开通购物车之后 4 小时。后一封邮件的作用是让你的潜在客户知道一切都在顺利进行着，你已经正常营业了。

开张第二天，你要给潜在客户发出一封邮件，告诉他们产品发售引起了巨大反响。你的目的就是触发客户社会认同感这个心理诱因。

第三天，你要发一封篇幅更长的电子邮件，回答潜在客户对产品的一些疑问。和所有在产品发售期间的所有电子邮件一样，你要在销售页里至少放入一个链接。

第四天，邮件的内容要与稀缺性有关。你要提醒潜在客户，产品发售活动将在 24 小时之后结束。你要明白无误地告诉他们发售结束的准确时间，并且让他们知道，如果他们在发售结束前不行动起来，就会承担不小的损失。

第五天，你要发出 2 ~ 3 封电子邮件。第一封邮件要一大清早就发出去，重申你会在这天结束产品发售；第二封邮件则在发售结束前 6 ~ 8 个小时发出去。如果你按照这个步骤做，这将是普天同庆的一天，订单会如潮水般涌进来。可惜的是，许多人在最后一天松懈了，这简直大错特错。他们要么没有给潜在客户发电子邮件，要么只发了一封。之所以发生这种状况，通常是因为他们觉得在产品发售期间已经发送了太多电子邮件，多发一封邮件大概也不会起什么作用。

这种想法完全错误，所以你千万重蹈覆辙。你要在产品发售结束这天给客户发送上述电子邮件。相信我，这样做会让结果完全不同。你的许多潜在客户都患有拖延症，他们一定要等到最后一刻才会做决定。如果你发售过产品，并见识过人们在最后一刻抢购的盛况，就会同意我的看法。在什么时候结束产品发售并不重要，重要的是，你会看到人们在最后一刻下订单。所以，请务必在产品发售结束当天至少给客户发两封邮件；如果可以的话，最好发三封。我这个建议完全是为你的利益着想。

当突发事件降临

尽管我希望一切顺利，希望每一次产品发售都能取得巨大成功，但有时候挫折不可避免。有时候，产品发售的效果会不如预期。所以，下面我将就一些最常见的问题给你提供有用的建议，让你在产品发售进展不顺利时知道怎么应对。

技术性问题

第一类问题是技术层面的。如果你发送太多邮件，过大的流量可能会导致网站服务器瘫痪。在第一次发售产品时，你不太可能遇到这个问题，只有在客户非常多、业务规模非常大的产品发售中才会产生巨大的流量，从而导致服务器崩溃。

我在一次大规模的产品发售过程中就遇上了这种情况，这让我无比痛心，因为我不但为此损失了大批订单和一大笔钱，还失去了客户对我的好感，信誉也大打折扣。千万别粗心大意，让服务器崩溃可不是什么好玩的事情。我在个人网站的"资源页"上推荐了我目前常用的网络主机和服务器，请登录 http://thelaunchbook.com/resources 查看。

收款问题

许多人忽略的另一个问题是收款，即客户要如何付款。如果你通过网络接收订单，就要使用某种支付网关或商业账户。无论你使用哪种支付手段，如果订单蜂拥而至，银行都会如临大敌。银行很可能将订单量剧增视为一种风险，他们担心你根本不发货，而是卷着一大笔钱去塔希提岛享受阳光了。在美国，假如你真的这样做，银行则要负责偿还订单金额。简而言之，当订单数量的增速超过正常水平时，你的商业账户开户行会被吓到。

我的商业账户和 PayPal 账户都遇到过好几次这样的状况。避免产生这种麻烦的最好办法就是，在产品发售前与账户提供商进行大量沟通，而且要和那些支持在线产品发售的账户提供商做生意。当你告诉银行，你要以"杰夫·沃克的方式发售产品"时，他们就明白怎么回事了。我在个人网站"资源页"上推荐了一些账户提供商，查看的话可登录网站 http://thelaunchbook.com/resources。

订单问题

如果你的产品发售没有带来订单该怎么办？你开通了购物车，但购买者寥寥无几。虽然我想告诉你，这种情况很少有，但它确实发生过。假如真的发生了这种状况，那就赶快进入诊断模式。

首先，应该检查一下销售流程。先从产品发售邮件开始检查。进入电子邮箱里的群发功能，把里面的链接都点击一遍，确保它们正常工作。然后，检查一下你的网站，看看是否一切正常：销售页和促销信是否已经上传？订货单能否打开？自己下个订单试试，它能否正常运转？

接下来，你要确定网站流量有多大。查看一下电子邮件群发数据，看看电子邮件是否已经发送出去。检查网站点击数据，看看是否有人进入过你的网站。你从网站流量数据可以看出什么端倪？销售页的流量有多大？订单页呢？

最后，如果网站一切正常，流量也正常，但仍然没有接收到订单，那你可能是遇上客户转化率问题了。一般来说，客户转化率出现问题的主要原因有两个：产品有问题，或者你的销售信息有误。想弄清楚到底哪个原因造成了低转化率，需要进行一系列复杂的工序。

首先，让我们确认一下产品。你发售的产品有吸引力吗？它是否提供了一种解决方案，或者解决了你客户关心的问题？你的产品是市场迫切需要的，还是你自以为客户需要的，或者只是你凭空创造的？产品是否满足了潜在客户追求梦想的需求，是否符合了市场的趋势？

然后，再确认你的销售视频或促销信里的信息。销售信息是否清楚表明你的产品将给潜在客户带来转变？产品的优点是否显而易见？这些优点是否具体且实在？购买产品的流程是否简单易行？你是否清晰地告诉潜在客户你的产品是什么？如果按产品购买流程的每一个步骤去做，他们能得到什么？产品价格是多少？质保条款怎么样？

无论是产品问题还是销售信息问题，一旦找出原因你就必须立刻纠正。要知道，亡羊补牢，为时未晚。我曾看过一些人在产品发售进行到一半时调整产品内容或修改销售信息，他们几乎马上就打了一个漂亮的翻身仗。

通过产品发售，你会给客户留下深刻的印象，这正是产品发售产生的强大而惊人的效果之一。当你在预售内容中传递真正的价值时，无论是那些购买你产品的客户，还是那些只观看了预售内容而没有购买产品的客户，都会逐渐爱上你。当然，你不可能得到所有人的喜爱，但会得到其中大部分，他们才是与你志趣相投的人。

一旦你完成了产品发售并关闭了购物车，就要马上与那些购买你产品的人加强关系。这就是所谓的产品发售善后工作，这一步十分关键，因为你要借此延续和维持产品发售所带来的好势头和高地位。我总是不遗余力地为新客户多做一些事情，我建议你也这样做。我习惯给客户提供一些额外的奖励，但在产品发售期间，我不会提及这奖励，而是在购物车关闭不久，才把奖励送给新客户。通常，出人意料的小恩小惠会产生惊人的效果，会让你从市场中脱颖而出。你不必发疯似的给予客户奖励，只需要比你所承诺的东西多一点就行。

你要制定一个稳固的新客户跟进流程，这是最容易做到的事情，其中大部分工作都可以通过自动电子邮件完成。

还有一方面的工作马虎不得，那就是客户服务。我相信我给客户提供了世界级的服务，而我在这上面花的每一分钱都收到了成效。我并不把客户服务视为成本中心，而是把它视为业务拓展战略的重要组成部分。

最后，千万别忘了跟进那些没有购买你产品的客户。在预售阶段，你已经花了大量精力去"追求"他们，即使他们这次没有购买你的产品，但仍然是未来产品的潜在客户。千万别让这段关系随意终结。在产品发售结束几天后，给他们发送更多的内容，那他们势必会期待你下一次的产品发售。

到目前为止，我们已经学习了产品发售的全过程，下一章我将给你一样好东西——种子式发售模式。接下来我将告诉你，我是如何利用一次简单的种子式发售，把我的小公司变成价值超过 2 000 万美元的商业帝国。

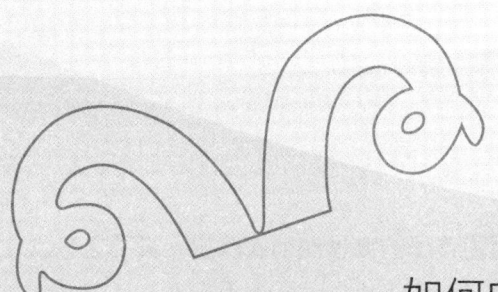

第 9 章

如何白手起家：种子式发售

塔拉既没有可以赚钱的产品，也没有直通客户的渠道，但她依然希望可以自己当老板，幸运的是，塔拉梦想成真了，她到底是如何做到"一步登天"的？

塔拉和大卫·马里诺的生活因为孩子的离世而彻底改变，丧子之痛是任何人都无法承受的事实。我无法想象这种痛苦，但我知道失去至亲之人，特别是年幼的孩子对于父母而言是一件多么悲痛的事情。要从丧子之痛中走出来，不是件容易的事情。

大卫有一份稳定且体面的工作，他的年收入达到 6 位数。但长年待在同一家公司中，他感觉自己像一只井底之蛙，看不到外面的天地。失去孩子之后，他觉得世界上已经没有什么值得关注的事情了。塔拉兼职做一点房地产生意，但大部分时间是一名家庭主妇，在家里陪着另外两个年幼的孩子。

塔拉有一个强烈的愿望，就是帮助自己的朋友过上更好的生活。她的朋友大部分都是像她一样的家庭主妇或全职妈妈。当她初次听说产品发售公式时，就觉得这正是她要寻找的工具，她要借助这个工具，把自己的想法传递给更多人并开创自己的事业。甚至，她觉得产品发售公式将帮助丈夫大卫重新振作起来，过上新的人生。

塔拉面临着巨大的挑战——她要白手起家。她帮助过很多朋友，有许多第一手素材，知道如何教人们过上更好的生活。但目前，她既没有现成的教材,也没有现成的研习班,甚至连演讲稿都没有,更谈不上真正的产品了。

还有一个问题:塔拉没有任何电子邮件客户名单或平台。虽然她在Twitter上有一些"粉丝",在Facebook上也有一些好友,但仅此而已。塔拉该如何开展业务?

连点子都没有也可以谈创业?

只要掌握了种子式发售的秘诀,你完全可以白手起家,创建自己的事业。这正是塔拉所做的事情。

塔拉从个人收件箱和社交媒体上收集了200个人的信息,制作了一份客户名单,然后开始预售工作。她推出的产品叫做"完美的你"。按塔拉和大卫现在的说法,整个业务简直就是在仓促中拼凑起来的。但最终,塔拉的培训课程卖出了5个名额,赚了3 000美元。

这个产品是一个为期6周的远程培训课程,塔拉准备了很多活页练习题和模板。也就是说,塔拉是在完成销售之后才开发出这款产品并发送给客户的。每一周,她都要为远程教学制作资料,然后打电话给客户,给他们上课。由于整个过程互动性很强,她可以从客户那里得到反馈,然后对课程内容进行微调,让客户在下一次上课的时候得到自己想要的东西。塔拉记录下了每一次远程教学的内容,这样,在第一个项目结束后,这些记录下来的资料就成为她下一次产品改进的基础。种子式发售既给塔拉带来了收入,也为她完善了一款产品。

第一次发售产品就赚得了3 000美元,这看似荒唐的事情原本已经足够令人兴奋,但接下来发生的才真正让人惊讶。在塔拉第一次讲授培训课程的时候,通过与客户互动,她又想到了另外两款产品,连产品名字她都想好了，叫"感性的力量"和"美丽方程式"。由于首次产品发售反响热烈，塔拉和大卫创建了一份拥有上千名客户的电子邮件名单。他们第二次产品发售的销售额约为 12 000 美元。与第一次相比，这已经是大幅度的增长了，但这只是开始。第三次产品发售的销售额达到 9 万美元，第四次则高达 19 万美元。每发售一款产品，他们的客户量都会增加，他们在市场上的声誉也越来越大。现在，塔拉的产品销售额已经超过了 50 万美元。

在此期间，大卫辞去了工作。虽然生意上的成功从未缓解他们的丧子之痛，但他们已经让自己的家庭生活焕然一新了。当塔拉和大卫带着两个年幼的儿子去法国过暑假时，生活又发生了戏剧性的转变——他们决定留在法国！塔拉一直梦想着住在法国，而她新的业务模式和生活方式突然间让这个梦想成为了可能。于是，他们乘飞机回国，把大部分家当放进储藏室，然后举家搬到了法国南部。想查阅关于塔拉和大卫的完整案例研究，请登录网站 http://thelaunchbook.com/tara。

至此，我相信你已经看到了精心策划的产品发售活动所产生的惊人力量，而且你已经看到，作为一种经过实践验证的营销模式，产品发售公式对于任何规模的业务都能发挥作用。

但是，有些人并不明白如何使用这套流程，尤其当他们刚开始创业的时候。也许你就是他们中的一员。可能你会觉得，虽然这些话都有道理，但就是不知道该如何开展业务。也许你既没有潜在客户名单，也没有可以销售的产品；也许你已经有了一份事业，可还想开展另外一项不同的业务；也许你已经准备好了一切，但不知道从何开始。如果真是这样的话，那本章内容就太适合你了，因为种子式发售模式回答了上述所有问题。

我之所以称它为种子式发售，是因为这种发售虽然规模很小，但能让一款产品、一项业务获得空前成功。想象一下，一颗种子是如何长成参天大树的。如果你只是盯着这颗种子，怎么都想象不到它会有这么一天，然而我们知道，这一切肯定会发生的。种子式发售也是一样。在刚开始的时候，它可能只是一个想法和几次零星销售，但最终能发展成为一项规模庞大的业务。

产品未问世，销售已达成

在详细叙述种子式发售的原理之前，我想先举个例子，让你知道它是如何发挥作用的，并且会产生多深远的影响。这次种子式发售的故事发生在2005年，与许多产品发售一样，它是在一次迫切的需求下发生的。实际上，这是我亲身经历的一次产品发售，而且是遭遇失败后的二次创业。

我曾与别人合伙经营各类产品多年，但后来，这段合作关系突然终止了。这些年来，我和很多人合作过。顾名思义，所谓合作，就是这种关系不会持续太久，这是我对合作关系最深刻的体会。不管怎样，合作最终都会在毫无征兆的情况下结束。在一个周五的下午，我的合作伙伴打电话对我说，他不但要跟我散伙，而且要带走我全部买家。

大多数生意人都有过类似的经历。在我看来，这种情况并不罕见，必须要重视。因此，我做的第一件事就是坐下来，思考下一步我要做什么。我花了很长时间，把上一桩生意中自己喜欢和不喜欢的东西罗列出来，然后再把希望在新业务中发生的变化列出来，并且花大量时间去寻找符合我新业务的目标市场。最关键的是，我在思考自己的新业务可以给市场带来什么价值。

多年来，我关注的利基市场是股票投资和股票交易，我所有的产品都是教人们如何投资股票市场。尽管我很喜欢这个行业，但也难免有身心疲惫的时候。过去，我平均每年发布五百多次股市快讯，而由于我是在没有任何员工的帮助下做这件事，所以十分艰苦。我已经准备好投身于另一个市场，不用再整天赶稿。

我还要考虑另一个驱动因素：最近，我发现自己对创业和市场营销产生了极大热情。在刚开始创业的时候，我对市场营销一无所知，但多年后，我已经在这方面锻炼出了真本领。在一无所有的情况下，我创立了自己的业务，开发出大量订阅者，并发明了这个疯狂的公式来发售我的产品。其实，我一直在与其他创业者分享我的产品发售技巧，而他们也取得了卓越的成就。我知道我的方法对其他人管用，就像它对我起作用一样。

我在市场营销和产品发售方面的专长能为人们创造价值，我也非常喜欢所有与创业和市场营销相关的利基市场。但我有两个问题：一是我没有适合这个市场的客户和产品，此前业务所开发的客户虽多，但他们只对股票市场感兴趣；二是这些客户对我的新业务没有什么帮助。不过，有一件事是对我有利的：我要在几周后参加一个市场营销会议，并受邀在会上发言。我打算利用这次发言的机会建立新业务。

我做了一份介绍整个产品发售过程的精美报告。这份报告的演讲时长为90分钟，在报告的末尾，我提出了一个条件：如果有观众想深入了解产品发售公式，学习如何将我的策略付诸实施，我将开一个小规模的辅导班，逐步指导客户学会这个流程。我把这个班称为产品发售研习班。我会在客户发售产品之后，通过远程授课的方式，对客户进行辅导。

现场叫卖是一门艺术，而我只想说，我在这方面既不熟练也没有经验。因此，我在报告末尾的这个提议并没有引起热烈的反响。当时有接近300人参加了这次会议，而我的研习班只卖出6个名额，这个表现并不好。现在我知道了，在现场做提议之后，即使有10%的响应率也是低于预期的，何况我当时得到的响应率还不到3%。

我意识到自己不一定是一个出色的推销员，但绝对知道该如何发售产品。我终于有了真正的客户，我坚信自己能给他们提供一种技能，这种技能将彻底改变他们的人生。

当时，我还有另外两个问题。首先，我知道如何发售产品，但不一定知道如何传授这些知识；其次，为了提高学员的参与度，我想把开班人数保持在6人以上。于是，我邀请了几个自主创业的朋友和过去几年中认识的企业主加入研习班。我知道，凑足开班人数远比靠这个研习班赚钱重要得多。他们当中的许多人知道我成功发售过许多产品，都迫不及待地想学习。这是一个双赢的局面。最终，这个研习班的人数超过了30人。

现在人数问题解决了，可我还得考虑以怎样的方式向学员授课。我知道如何发售产品，但是我从未教过别人。经验告诉我，当你是某方面的专家的时候，通常会受到"知识的诅咒"，也就是不会站在初学者的角度思考问题，而是以一种居高临下的态度传授知识。

于是，我转而求助我个人最喜欢用的一种工具。在讨论预售工作时，我提到过这种工具。我问学员，他们想学些什么内容。在开班报名的时候，我承诺会进行5次远程授课，就在第一次授课之前，我对30位学员进行了一次问卷调查，想知道他们对产品发售有哪些最想了解的问题。

接着，我把他们的答案分成5大类，分别与我要进行的5次远程授课相对应。在准备第一次授课内容的时候，我把话题定为"产品发售公式综述",针对这个话题,我把他们的问题按逻辑顺序排列好,然后,我只要在授课的时候逐个回答这些问题就可以了。

在第二次授课之前,我又进行了一次问卷调查。我问学生,他们是否对第一堂课的授课内容有疑问。然后,我要求他们对第二堂课的话题"如何创建预售序列"进行提问。我再次将这些问题以非常有趣的方式进行排列,并在授课的时候逐个回答。

每次授课前,我都重复这个流程:对问题进行分类、分析,然后逐个解决。在完成5次远程授课之后,我又额外赠送了1堂课,回答学员心中的疑问。那时候,我一直痴迷于超额兑现承诺,于是又额外提供了几次关于案例研究的课程,给他们讲解一些产品发售的案例。

最终,在课程结束的时候,我大概上了9到10堂课,远超出原先承诺的5堂课。我们深入研究了产品发售公式,而我也把自己知道的一切都教给了学员。一些学员因此给我发来充满溢美之词的感谢信,有些学员还给我提供了他们成功进行产品发售的案例。学员们对我的赞赏,一部分原因是我超额兑现了承诺,另一部分原因则是我的授课内容(后来成为产品发售公式的教学内容)极具革命性。最重要的,还是因为我的学员非常喜欢这门课程,你必须要明白这一点。

尽管我此前从未教过别人这方面的知识,但我还是出色地完成了这项工作。我之所以做得这么好,并非我天生就适合当一名老师,而是因为我让学生主导了这个过程。无论是在上课的过程中,还是在开课前的问卷调查中,我不断询问他们想学习哪方面的知识,授课内容是否足够清晰,哪些内容需要重讲或详解,他们还有那些问题没有解答等。在这次种子式发售中,我利用首批学员学会了如何授课。

从我目前的行业地位看,市面上许多产品并不十分优秀。如果你担心自己制造了一款蹩脚的产品,那么种子式发售模式可以帮你消除这种顾虑。它让你在与客户互动的过程中创造产品。通过咨询客户意见，你让他们也参与了产品的开发过程，最终，你将拥有一款优秀的产品。简而言之，你会自然而然地适应市场的需求，而不用臆测客户的想法。你摆脱了"知识的诅咒"，并给客户带来真正的价值。

锁定客户中的积极分子

现在，让我们开始学习种子式发售的细节。如果你刚开始创业，而且手上既没有客户，也没有产品，那它就是最理想的产品发售方式。如果你心中已经有了新产品雏形，但又不确定市场对这款产品的需求，或者想在产品上市前就获得收入，那么这种方式也相当适合你。你会发现，种子式发售是极其灵活的发售方式，但它的局限性在于，不适用于有形物品。如果你的产品是知识型的，那这种产品发售方式简直再适合不过了。假如你要教客户减肥、搞好人际关系、找一份更好的工作、跑马拉松、训犬、吸引更多患脊椎病的客人、在社交媒体上吸引更多"粉丝"等，那你会爱上这种发售模式的。

到目前为止，我们几乎已经学习了种子式发售的全部方法和概念。令人欣慰的是，种子式发售是最简单的产品发售方式；更令人欣慰的是，当你圆满完成这个发售过程时，你的产品也就成型了，而且会是一款能完全满足客户需求的优秀产品。

种子式发售模式利用了两种鲜为人知的现象。除非人们接触过直销行业，否则一般不会意识到这两种现象的存在。第一个现象是：**从百分比来看，小规模的客户群比大规模的客户群响应程度更高**。我的意思是，这种响应程度不是高一点点，而是高出很多。例如，在一次产品发售中，我的客户群有299人，我准备向他们提供在线服务，这种服务之前是免费的，而现在却要收费了。这次销售的难度简直史无前例，而且服务的价格不菲，每年要收100美元。

虽然这次销售的难度极高，但我的客户相当热情（换句话说，我与客户的关系非常好）。产品发售结束时，在299名客户中，有297人申请购买这款产品，客户转化率达到99.3%。我敢肯定，这个转化率是我以后再也无法超越的！当然，这个成果并不具有代表性。进一步说，如果客户规模有3 000人，我就没法实现这么高的转化率了。

第二个现象是：**每个客户群都有一部分积极分子，他们是你的疯狂拥趸，会打开你发给他们的每一封电子邮件，无论你推荐什么产品，他们都会迫不及待地想购买**。这些人会第一时间回复你的邮件，第一时间在你的博客发表评论，第一时间转发你在社交媒体上更新的内容。庆幸的是，几乎每个客户群都有这样的积极分子。

当你把"小规模客户群更活跃"和"积极分子都隐藏在小规模客户群中"这两个因素结合在一起的时候，你就有了种子式发售的基础。

当然，你可能会觉得奇怪，既然我在前面说过可以在没有客户的情况下进行种子式发售，那为何还要说"小规模客户"的事情？理由很简单，种子式发售的第一步就是创建某种超小规模的客户群。这个客户群可能只有30人，但如果人数能达到100人就更好了，如果能达到300人那就再好不过了。

不过，就算创建一个超小规模的客户群，也不是一件容易的事情，社交媒体就是做这件事的最有效工具。吸引首批订阅者就像在Twitter、Facebook等社交网站或其他新兴媒体上发表话题一样简单。

社交媒体的更新速度比书籍出版速度快得多，即使在这本书出版后多年，种子式发售仍然会发挥作用，所以，我不会具体教你如何通过社交媒体创建超小型客户群。但归根结底，你要发售与产品相关的内容，通过它们引起客户的兴趣，从而吸引追随者。这些内容可以是你原创的，也可以是转发的。无论哪种内容，要吸引一小群追随者，并不需要多长时间。我重申一遍，最好能吸引100到300个潜在客户，这不是什么难事。

种子式发售的最终目标不是挣100万美元，而是为了让你进入这个行业，帮助你自主开发一款优秀的产品，了解你的目标市场，并为将来更大规模的产品发售奠定基础。

我的产品发售研习班也是种子式发售。就像我在这次产品发售中所做的那样，你的产品发售也应该由一系列的远程研讨课程组成。也就是说，你和你的客户要用"专线电话"进行沟通。所谓专线，就是一个专用的电话号码，仅限于你和客户使用。设立专线的目的，是为了让所有客户都能听到你说话，这有点类似于电话会议。基本上，你可以通过电话向学员进行讲学。如果你乐意的话，还可以取消电话的静音功能，这样学员也可以在电话中发言。我已经对数千人进行过远程教学，但如果你在种子式发售过后交付产品，可能就只有几十个人愿意接听你电话。

> 快速提示：你可以用在线讲座的方式取代远程研习班。你的学员不但可以在讲座上听到你的声音，还可以看到你的电脑屏幕。在线讲座是一种很好的教学方式，因为它可以让你形象地教学。但是，它也是一种有点复杂的教学方式。

如果你的学员都在本地，你甚至可以进行现场教学。不过，在刚开始的时候，远程研习班是最简单的方式。请登录网站http://thelaunchbook.com/resources，在我的"资源页"上查看更多关于专线电话和远程研习班服务的详细信息。

假设你准备为你的课题举行 3 次远程研习班（研习班的次数由你自主把控，但在多数情况下，3～5 次的效果最好），你要计划每周开一次班，并额外给学员们进行一次"问答互动"的远程对话，确保超出新客户对你的预期。

至于实际的产品发售，由于你要向一个规模很小的客户群销售产品，这个客户群不但很热情，而且群里有部分积极分子，所以，你的产品发售不必过于复杂，只需借助我在第 6 章和第 7 章教过你的技巧就可以了。

步步为"赢"，但保持矜持与优雅

你一定要做好产品推荐工作，并且要告诉客户，他们能从你的研习班中得到什么好处。也就是说，你要重点告诉他们，在完成培训之后，他们会经历哪些转变或变化。你必须告诉你的客户，你打算如何帮助他们实现自己的愿望和梦想，避免再遭遇恐惧感和挫败感。举例来说，假如你准备教某个人弹吉他，千万别把注意力放在他们多快学会在开放和弦之间切换上面；相反，你要关注他们将要经历的转变。他们最终会经历怎样的转变？他们最终能否为自己和朋友弹奏曲子？他们是否有信心与别人合作演奏？他们最终是否感觉自己像一个真正的音乐家？他们是否有更多的约会对象？

接下来，让我们谈一下你的产品发售。在种子式发售模式下，你要一切从简，首先从预售造势开始。实际上，你的预售造势工作会承担起产品发售的重任。

请回顾一下与预售造势相关的那章内容，然后进行典型的预售询问工作，问问你的客户是否有一些困扰他们许久的问题。你可以通过正式的问卷调查、电子邮件或社交媒体来做这项工作。调研结果会告诉你客户有什么样的愿望和梦想，或恐惧和挫折。这些信息对你的产品推荐是无价的。当然了，你的预售造势工作同样会起到鸣炮示警的作用，它为产品推荐奠定了基础，并让客户意识到一款新产品即将到来，甚至让他们对此充满期望。

在预售造势阶段进行初步调研之后，你的下一步就是利用邮件跟进客户。在邮件中，你可以和客户谈论调研时的一些发现和结论，还可以与客户分享你自己的转变历程，例如你在早期遇到的一些挑战以及你是如何克服这些挑战的。在邮件末尾，你可以稍微提及即将推出的研习班。

随后，你的下一封邮件就要开始推荐产品了。总的来说，你要引导客户打开促销信或促销视频，但要记住，没必要过度吹嘘自己的产品。你客户名单上的人会感觉他们和你的私人关系不错（对于他们当中的许多人来说，这种情况可能是真的）。所以，你的促销信息要反映出这层关系。当然了，你要努力解释这款产品会给客户带来什么好处，并且重点介绍它最终会给你的新客户带来哪些转变或变化。不过，千万别给对方留下二手汽车销售员的印象，因为这种印象无法让你的潜在客户产生共鸣。

这一切努力的最终目标，就是让30个人（60个更好）接受并购买你的产品。之所以要这么多人，是因为你要与客户多进行一些互动。磨磨蹭蹭是人性的缺陷，这是一个不争的事实。总有些人就是不会出现在研习班，或者根本不会报名参加研习班。所以，如果你在一开始就确定了30个名额，那最终还是会有一部分人参加的。如果卖不出30个名额，那就模仿我在产品发售研习班的做法，慎重地邀请一些人免费参加你的课程。假如最终开班人数不足30人，那问题也不大。塔拉的课程刚开始时只有 5 个人,而我的课程刚开始时也只有 6 个人。

关于价格和销售额,我想说的是,我见过别人用种子式发售模式销售单价在 50 ~ 3 000 美元之间的产品(要视乎你销售的产品和所在的市场),所以,不同的人卖不同的产品,其销售额必然千差万别。但要记住一点:**这种产品发售方式的目的,更多是开发一款优秀的产品和进入某个行业,而不仅仅是为了赚钱。**

现在,当你向客户提供产品的时候,一定要记住:客户的反馈意见才是你想要的东西。每次打电话之前,我都要向客户做问卷调查,问他们对下一堂课的主题有何疑问。让我们回到刚才学吉他那个例子,如果第一堂课的主题是如何扫弦,我会先用一句话解释主题,然后问学员:"关于扫弦,你们心目中最大的两个疑问是什么?"

你要做的不是在电话里回答学员的所有问题,而是先把他们的疑问梳理一遍,然后把它们归类,再将它们变为可以教学的内容,最后,把这些问题按逻辑关系进行排列。一旦完成这步工作,你就可以拿起电话给学员上一堂精彩的课了。

第一次电话授课结束后,你再向学员们发送一份调查问卷。首先,你要问他们对第一堂课(即如何扫弦)有没有存在疑问,然后要求他们对下一堂课的主题进行提问。每次授课结束后,都要重复这一流程。令人高兴的是,你正在研发一款完全符合市场需求的产品。在此过程中,你对市场有了更深的了解,并且知道如何与客户进行对话。等到你要进行大规模产品发售的时候,就会获得空前的成功。这么说似乎有点为时过早,但只要注意收集市场信息,总会得到回报的。

我建议你把电话教学的内容录下来,大多数专线电话都具备自动录音功能。如果你已经进行了 5 次远程教学,再加上 1 次额外的电话问答，那么你就有了 6 次电话录音。你可以把这些录音转录下来。每小时录音相当于 15～20 页的书面教学内容，所以，你有了足够的编写素材，可以写一本 90～120 页的教科书（或电子教科书）了。现在，你已经有了教学录音和教科书，再加上你的多媒体产品，恭喜你，你已经有了一款可以赚钱的产品了！

还要注意帮助你的客户取得一些成果，这样，当你不断向前发展，并准备以更大的规模发售产品时，他们就会踊跃向你提供成功案例。

简便、快速、灵活，这就是种子式发售的本质。它不但为今后更大规模的产品发售奠定了基础，还是你试水新市场的绝佳方式；它不但让你学会了如何传授知识，了解目标客户的希望、梦想和忧虑，还让你不费吹灰之力就研发出一款优秀的产品。

从一颗种子到一座森林

为了让你了解种子式发售的前景，我要对我的产品发售研习班进行补充说明，因为这个项目也是以种子式发售的模式推向市场的。尽管当时我只说服了 6 个人购买，但我已经觉得胜券在握了。这 6 名学员在接受完培训之后，都深深地爱上了这款产品。当他们把我的教学内容应用于自身业务时，立刻取得了显而易见的效果。以此为开端，产品发售公式在各行各业以及你能想象得到的利基市场都取得了巨大成功，借助该流程大获成功的真人真事数不胜数。

作为一个完美主义者，我现在把自己首次在研习班教授的内容拿出来，并将它整理成一个更完善的版本。我借鉴了教学过程中的经验，并加入一些学员提供的案例研究，几个月后，终于创作出史上第一部产品发售公式课程。

为了推出这款产品，我还得筹划一次产品发售活动。这次为时一周的产品发售被安排在2005年10月，它为我带来了60多万美元的销售额。从那时候开始，直到现在，产品发售公式已经实现了两千多万美元的销售额，购买我这款产品的客户人数已经超过了1万。你也是这个故事当中的一员，因为你正在看这本书。如果没有当初那次小规模的种子式发售，你就没机会看到这本书。这恰恰表明，当你用种子式发售起步，并且不断提高产品发售水平时，你会取得惊人的成就。

关于销售额，我想提醒你：尽管我之前的生意风生水起，但后来还是要二度创业。我带着一款全新的产品进入一个完全陌生的市场，老客户对我没有太大帮助，我得从零开始，而我正是从种子式发售着手的。

我的"武器库"中还有一样秘密武器，它能帮助我开创新的业务，并让我首战告捷，实现我个人产品发售的最高纪录：60万美元。在一个我从未涉足的全新市场中，我没有任何现成客户，那么，我是如何做到的呢？

我的秘密武器就是有着无穷力量的"联营式发售"，这正是我在下一章要论述的内容。

第 10 章

如何在一小时内赚到百万美元：联营式发售

同样一份客户名单，为什么在有些人手里能产生数十万美元的销售额，在另一些人手里却只能成为废纸一张？

同样一封促销邮件，为什么有些客户会满怀期待地点开，有些客户会置之不理甚至将其列入"拒收"名单？

恐惧与恐慌的界限在哪里？在开通购物车之前，时间一分一秒地飞逝，我紧张得透不过气来，简直到了彻夜不眠的地步。我不断收到电子邮件，人们连珠炮似的发表评论、提出问题或建议。网站流量已经突破新高。这不是我的"首演"，我已发售过几十次产品了，但这一次，我承受的风险远高于往常，而且是在一个更大的舞台上表演。

时间已经不多，而我还有许多工作没完成：为产品发售拟个响亮的主题，测试订单流程，发邮件给客户，和生意伙伴沟通……眼看就要10：00了，产品发售即将正式开始！

此时距离我与上一个合伙人散伙已经过去了六个多月，是时候找点能赚钱的事情做了。我已准备好重新投身市场，但这一次，我要完全掌控自己的生意，不必每次有新点子或新计划时还要咨询合伙人的意见。而且，这次我打算远离股市。

在刚投身股市时，我很喜欢这一行，但后来我意识到自己更喜欢市场营销，而且在这一行更擅长。但我知道我也不想成为营销顾问。多年来，我一直以提供资讯为创业手段，但现在，我喜欢上了出版和教学。我喜欢这一行与生俱来的杠杆作用，我的收入不再由工作时长决定，而是取决于我能否更好地把产品销售出去。我喜欢这一行的另一个理由是，我可以发挥自己的影响力。作为一名咨询顾问，我最多只能帮助几十个人，但作为一名出版商，我却可以影响数千人。况且，对于互联网我最有发言权，因为我从事互联网营销的时间比大多数人都要长。

我只有一个问题尚待解决。这是一个竞争相当激烈的市场，成千上万人都打着"互联网营销专家"的旗号谋生，他们当中有些人获得了巨大的成功，而大部分人穷得连名片都印不起。在这个市场，我既无地位，也没有号召力。尽管我从事过很长时间的在线业务，尽管我懂得极具创意的网络销售手段，尽管我在互联网上赚的钱比大多数互联网营销大师还要多，但这些都无足轻重，因为我在这个利基市场中还没有一席之地。虽然我拥有成千上万名电子邮件订阅客户，但他们都局限于股市领域。而当我在互联网市场营销领域开创业务时，他们根本帮不上忙。

幸运的是我有一张王牌。虽然这是我手中唯一的一张牌，但威力无穷。我决定押上一切，打出手中这张牌。几年前，也就是在2003年2月，我参加过一个互联网营销论坛活动。当我走进会场，我感觉自己找到了组织。

在过往的日子里，做在线业务是一件孤独的事情。每一天，我都在家里的办公室孤军奋战，几乎没人能够理解我在做些什么。对于大多数人而言，在线业务完全是一个陌生的概念。但在那次论坛活动上，我结识了几百个和我做着同样事情的人。他们有着和我一样的希望和梦想，也遇到过我所经历的挑战和挫折。在那个会议室里，我们一小群志同道合者结成了同盟，这个同盟将持续多年，并逐渐改变整个产业的走向。当然，这是后话了。

但就当时而言，我了解到一个非常重要的事实，即我在股市中所做的事情是独一无二的，没有人在做类似的事情。在参加那次活动之前，我并没有意识到自己的产品发售模式有多么与众不同，虽然最近一次产品发售在 7 天内带给我 106 000 美元的收入，我还用这笔钱买了新房子。我曾以为，这世界上不可能只有我一个人在进行这种类型的产品发售，因为既然我能想出这个方法，别人一定也能。但事实证明我错了。当我提到我在股市做过的产品发售案例时，所有人都竖起了耳朵，安静地听我叙述。在他们看来，我的产品发售模式是对传统市场营销法则和商业法则的一种挑战。

论坛活动结束时，我结交了很多新朋友。他们中，有些人是互联网营销行业的翘楚，拥有良好的人脉关系和客户资源。那时候，我依旧在发售与股市相关的产品，根本没想过进军互联网营销领域，但我喜欢和这些新朋友聊天，因为大家对市场营销和创业有着同样的激情。后来，我开始帮他们中的一些人策划产品发售，并最终取得了巨大成功。渐渐地，在新兴的互联网营销行业，许多重量级人物也听说杰夫·沃克这家伙有一种全新的技术，可以在短时间内产生极高的利润。对于这些，我当时还一无所知，我只是默默地在为自己的下一款产品播撒种子。

首先找到联营伙伴

无论发售什么产品，最关键的因素就是你的潜在客户。上一章中我提到过，即使你在刚起步时没有客户（或者只有极少量客户），也完全有可能进行一场小规模的产品发售。但如果你想取得巨大成功，就必须创建一份正式的客户名单。创建客户名单的方法很多，最简单便捷的办法就是借助别人已经创建并培养好的客户群。这就是联营式发售的精髓所在。

在联营式发售模式中，你会有一些联营合作伙伴，他们会给自己的客户发邮件，同时把你的产品发售消息告知客户。如果他们的客户与你达成交易，你要给合作伙伴支付佣金。

联营式发售的工作原理通常是这样的：你的联营伙伴发邮件给他们的客户，鼓动对方观看你的预售内容。在大多数联营式发售中，你的联营伙伴会让他们的客户访问你的名单撷取页，这样在访客看到你的预售内容之前，必须先加入你的客户名单。在整个发售过程中，你需要实时跟进新的潜在客户。你可以在自己的网站上使用特殊的会员追踪软件，追踪哪位联营伙伴推荐了哪几个客户。详细内容请登录http://thelaunchbook.com/resources，查看"资源页"。这样的话，当你准备开通购物车销售产品时，你就可以知道要给联营伙伴支付多少佣金了。

联营式发售会带来许多意想不到的效果，其中之一就是通过客户消费数据，得到一份真正的产品发售客户名单，因此，联营式发售是扩大客户规模的最简单快捷的方式之一。客户名单的大小完全取决于你所在的利基市场，你的联营伙伴是谁，以及他们的客户名单的规模。有时，在联营式发售过程中，你自己的客户名单可能会添加数千人。

这正是我的亲身经历。由于我与互联网营销领域的领袖级人物建立了良好关系，并且不时为他们的产品发售提供帮助，他们也随时准备好帮我排忧解难。所以，当第一部分预售内容完成时，我已有许多伙伴向他们的客户推荐了它。短短几天里，大约 8 000 人加入了我的客户名单，但事情并没有到此为止。在整个预售阶段，我的联营伙伴一直给他们的客户发邮件，到了发售产品的时候，我的电子邮件订阅者数量达到15 000人，这个数字不可谓不惊人。在从事股市分析业务时，我可是花了很多年才建立了类似规模的客户名单，而现在，在一个新的业务领域，我只用了几天时间就做到了这一点，这完全要归功于我的联营伙伴。

回到2005年10月21日。产品正式发售前的几分钟，我非常紧张，而我的紧张不是没有理由。我并不怀疑自己的能力，我知道自己能够出色地策划一场产品发售活动，因为我知道自己的产品足够优秀。另外，预售阶段的客户反馈告诉我，潜在客户与我的产品产生了极大的共鸣。很明显，我的整个产品发售过程运转正常。

但由于这是一次联营式发售活动，我承担着额外的责任。我的合作伙伴信任我、支持我，我一定要让他们的信任得到回报。我要珍惜与联营伙伴之间的关系。随着时间一分一秒地过去，发售即将正式开始，这种责任感让我分外紧张。

如果说我的合作伙伴对产品发售尚存一丝疑虑的话，那么，在产品发售开始几分钟后，他们的疑虑会烟消云散。因为在第一个小时里，我就完成了7万多美元的销售额。在第一天发售结束时，也就是产品上市14个小时后，销售额超过20万美元。当产品发售在一周后宣布结束时，最终的销售总额为60多万美元。对一项新业务而言，能取得这样的成果已经相当不错，而且我是在一个全新的市场里发售一款全新的产品，且在没有花一分钱做广告的情况下。更何况，我是以家庭办公的方式完成这一切的，我坐在科罗拉多山区的家中发售产品，唯一的员工就是我的妻子玛丽，她帮我做一些客服工作。

细节决定成败。做任何生意都有成本，联营式发售模式也不例外，并非所有的收入都会装进我的口袋。联营式发售最大的支出就是向联营伙伴支付的佣金，他们可不是免费帮你把产品发售消息转发给他们的客户。在这次产品发售中，我向合作伙伴支付了相当于销售额 50% 的佣金。在第一次推出产品发售公式这款产品时，其单价是 997 美元，因此，我向每一名推荐成功的联营伙伴支付 498.5 美元。

经常有学员问我：通常情况下，向联营伙伴支付多少佣金才算合适？我的答案永远只有一个：视情况而定。佣金额度会因产品、客户、利基市场甚至合作伙伴的不同而有所差异。佣金怎么付、付多少，这是一项经营决策。我之所以付给合作伙伴 50% 销售额的佣金，是因为我的产品利润相对较高。就我的业务而言，产品成本主要是创建客户名单和实现销售，但其他业务就不一样了。如果你卖的是实物产品（例如电脑、烧烤架、雪茄盒等），那你要支付的佣金额度就会低得多。在某些市场，首次佣金额要远远高于销售额的 50%。如果后续销售的收益比首次销售高，那就可以给合作伙伴支付这种高额度的佣金。

无论你如何设定佣金比例，联营式发售的最大好处都是你可以在销售完成之后再支付佣金。这完全不同于传统的广告营销，传统的广告营销中，就算你不确定广告是否有效，也必须支付一大笔费用。无论在电视、广播、报纸、网络、直销邮件、黄页上打广告，还是在其他媒介上做宣传，广告宣传都将是一大笔开销，至于这些钱花得值不值得，你只能祈祷。而在联营式发售中，是否支付佣金取决于销售成果。如果销售达成，你才给对方支付佣金。

联营伙伴与加盟会员的区别是什么？

联营伙伴与加盟会员之间的区别在哪里？实际上，这两者非常类似。在这两种模式下，你都要与某个人合作，这个人会向他的潜在客户推荐你的产品，而如果潜在客户购买了你的产品，你就要给合作伙伴支付佣金。我们假设约翰是你的加盟会员，他推荐自己的潜在客户爱丽丝登录你的网站浏览你的产品，而爱丽丝最终购买了你的产品，于是，你要向约翰支付佣金。你最好与约翰签订一份协议，并在协议中确定佣金的比例（按销售额的百分比支付金额或每单交易支付固定金额）。

与你合作的人无论是加盟会员还是联营伙伴，这份合同的构成都是一样。你可以交替使用里面的条款。但是，通常联营或联营伙伴意味着一种更紧密的合作关系。我几乎和所有的联营伙伴私交都不错，而且在发售产品的过程中，我和他们保持着密切沟通，我们会互相通信，并经常打电话、发短信。他们当中许多人都是我的挚友。

打开保险：内部试水降低风险

细数联营式发售的优点（销售规模更大、客户名单创建速度更快、市场地位更高），你就知道这种方法可能会解决所有问题。不过，在你开展联营式产品发售之前，还要考虑几个关键因素，避免不必要的麻烦。我们要一步一个脚印地完成这些事情。

你要记住的第一件事是：你的潜在联营伙伴和你一样，他们做生意的目的是为了赚钱。如果他们花费大量的时间和金钱，建立了一个数量庞大、响应积极的客户群，那这个客户群就是他们的重要资产。他们很可能知道自己手上的客户名单拥有多么强大的力量，所以他们肯定不想轻易给客户推荐过气的产品以损害自己的利益。

你也别指望联营伙伴会极其殷勤地向客户推荐你的产品。其实，如果客户的购买力足够强大，联营伙伴就会推荐自己的产品，而不是帮你推荐产品。这就是现实。换个角度讲，如果联营伙伴的客户的购买力不强，那你的合作伙伴就不够优秀，那你就没必要打扰他们了。一张客户名单总共可以被利用的次数就那么多，但无论是谁，只要他手上有大量客户，他就很有可能每天向对方推销产品，所以很快他的客户名单就会失效。换句话说，**拥有一份强大的客户名单，就相当于拥有了一种稀缺资源**。

这正是一个结构完善的产品发售序列如此出色的原因。由于产品发售序列是一种了不起的客户转换手段，所以你可以通过它实现一些宏大的目标。这通常意味着你要向联营伙伴支付巨额佣金。在线上，佣金的测量方式被称为每次点击收益率。如果某个人发送出 100 个点击链接，每个点击链接能为联营伙伴带来 450 美元的佣金，那么每次点击收益率就是 450 美元/100 次，也就是 4.5 美元/次。

经常有人问我："点击收益率多高才最合适？"这个问题没有唯一答案，因为点击收益率因市场和产品的不同而变化。最重要的是，如果你发售的产品能达到高于市场水平点击率，那就更容易说服联营伙伴为你发邮件。需要重申的是，借助产品发售公式进行的产品发售活动是提高点击收益率的有效武器。

如果你想通过联营模式取得成功，就要与联营伙伴建立长期的合作关系。我见过许多人把联营关系视为一锤子买卖，这样的生意不可能做长久。

事实上，当联营伙伴推广你的产品时，他们也有自己要关注的数据，比如点击收益率。他们还要关注你给他们的客户提供了怎样的体验，因为这种体验会反过来影响他们。如果他们要求自己的客户观看你的视频，而你的视频非常无聊且内容空洞，就会让客户对你的联营伙伴产生负面看法。

所以，在这场交易中，冒着最大风险的人其实是你的联营伙伴。如果推广效果不佳，将来他们很可能不会再与你继续合作。所以，在要求别人帮你发送推广邮件之前，你要确定自己的产品能吸引客户。

有一种简单的方法可以确保你的产品不让联营伙伴失望，那就是先做一次内部产品发售，即只针对你自己的客户发售产品（即使你的客户规模很小）。通过这种方式，你可以测试发售序列和产品。只有胜券在握，你才能要求联营伙伴将你的产品推荐给他们的客户。

当我要求学员先进行内部产品发售时，许多人试图跳过这一步，试图直接收获联营发售带来的兴奋感和荣誉感（可能的话，还有一大笔钱）。千万不要这样做。首先，内部产品发售可以给你带来一些发售经验。其次，你可以借此机会检验自己的产品和发售序列，以确保正式的发售成功。请谨记：永远不要用你联营伙伴的客户测试产品，因为你不能让自己的合作伙伴变成实验品。如果你的产品无法留住客户，你就要替联营伙伴承担责任。

请珍惜与联营伙伴之间的合作关系，最好让它变成长期合作。我要重申一遍：如果你要求一位联营伙伴向他的客户推荐你的产品，但他的客户最终没有购买的你产品，那他下次就不会再考虑推荐你的产品；但如果你的产品经过测试和验证（即你的产品已经通过内部产品发售的检验），可以向他们展示发售成果，那么他们就会更有兴趣向客户推荐你的产品，而且发售更有可能取得惊人的成果。成果越好，联营伙伴也就越乐于为你发送推荐信。

99/1 法则

联营式发售有非常多的好处。那么，如何才能结识联营伙伴呢？

这是一个很复杂的话题，我曾经花很多时间教人们寻找和培养联营关系，现在我打算用几页的篇幅向你讲解这方面的知识。

首先你要知道，你不需要有数十、数百甚至是数千个联营伙伴。你肯定听说过80/20法则，即80%的成果来自20%的努力。那么，当我们谈到会员或联营伙伴时，这个原则通常更像是99/1法则，即99%的结果来自于1%的伙伴。在网络营销这一行，我们非常挑剔合作伙伴，我们只选择与顶尖的伙伴合作，在任何一次产品发售中，我们的绝大部分销售都是靠前十大合作伙伴完成的。

正如真理往往掌握在少数人手中，前三大合作伙伴可能已经帮助我们赢得了25%的销售额。不同的产品发售中，这些比例可能会有较大的区别，但我坚信，你的前几大合作伙伴为你挣得了绝大部分销售额，也就是说，你不需要太多合作伙伴。我经常告诉学员，不用费尽心思去结交合作伙伴，只要认识3～5个真正支持自己的高质量合作伙伴就可以了。

寻找合作伙伴并不难，他们就是你所在市场发售信息的人。只要在谷歌搜索引擎输入你所在市场的热门关键词，就可以找到他们。假如你教授弹吉他弹奏，那就在搜索引擎输入"学习吉他"，然后逐个打开搜索列表的前50个网站，看看如何才能加入他们的课程。如果这些网站有"选择加入"框，那它们就是在创建一份客户名单，这些网站的拥有者就是你潜在的合作伙伴。这时候，你应该继续下去，加入他们的客户名单。需要提醒的是，如果你加入了50份客户名单（你应该这样做），你将会收到一大堆邮件。或许你要为此专门申请一个电子邮箱，这样你常用的邮箱就不会被这些邮件撑爆。

加入名单之后，看看他们给订阅客户发送了哪些内容。追踪他们向谁推广产品、推广哪些产品，并观察他们是只推广自家产品，还是同时推荐其他行业的产品，评估他们的营销效果以及他们与客户之间的关系，在社交媒体上紧密关注他们，尝试逆向分析他们的产品和营销过程。

你所做的一切都是为了建立一份潜在合作伙伴名单。记住，你只需要3～5名高质量的合作伙伴，但在前期，你可能要收集大约50名潜在合作伙伴，这样才能找到真正撼动你的人。

优质的联营伙伴总是有很多人要他们帮助推广产品，他们有应接不暇的机会。这就是商业的现实状况：联营支持是一种稀缺资源。所以，当你要求他们帮助推广产品时面临的就是僧多粥少的局面，也就是说，如果你想在众多竞争对手中脱颖而出，就得为他们创造更有价值的价值。

为潜在合作伙伴创造价值的最佳方式之一，就是给他们提供能够带来大量佣金的发售序列。在此之前，为了引起他们的注意，你要探索其他能够创造价值的方式。另外，推广潜在合作伙伴的产品是为他们创造价值的不二选择，如果你帮他们销售了大量产品，他们肯定会注意你。另外一种简单易行的方式就是购买并使用他们的产品，然后定期在他们的博客或社交媒体上给予反馈。归根结底，为潜在合作伙伴创造价值的方式多种多样，你为他们创造的价值越多，也就越容易得到他们的回馈。

1 秒进账 12 000 美元

几乎没有什么东西比一次成功的联营发售更能在短期内对你的生意（以及你的财务状况）产生巨大的影响，就算产品发售结束，这种影响仍然发挥作用。它能不断提升你的市场地位，并帮助你迅速扩大客户规模，它对你接下来几年的业务发展都会产生深远影响。

如果你想通过联营式发售取得成功，那就一定要记住我在本章中反复提醒的两件事。首先，要与联营伙伴建立长期合作关系。其次，要为这些伙伴创造真正的长期价值。这并不意味着你要花数年时间来经营这段关系，也不意味着你离联营式发售还很远。这一切都会以令人咋舌的速度发生，但你要付出一定的辛劳，而且要眼光长远。

我首次进行联营式发售时，这种发售方式确实为我创造了商机。当我在2005年开始推广产品发售公式时，这款产品给我带来了60万美元的销售额。我的产品迅速打开了销路，我给许多合作伙伴支付了大笔佣金，他们觉得非常满意。与此同时，这次产品发售使我的客户数量猛增到15 000人，并极大提升了我在市场中的地位。这次产品发售结束后，我被视为行业的领军人物之一，而产品发售公式也成为市场上的知名产品。这款产品的销售额不断增长，一年之内达到了100万美元。这一切成果都要归功于联营式发售。

然而，与后来发生的事情相比，这次产品发售仅仅是小试牛刀而已。在2008年初，我开始准备一个全新版本的产品：产品发售公式2.0版。我总结了发售第一版时的经验，把这款产品从头到尾进行了改编。实际上，这是一款全新的产品，内容得到了极大扩充，有很多令人惊喜的环节，还有我和其他辅导教练的现场指导视频。我把这款新产品的价格提高到了1 997美元。自然而然地，这次我还是要通过联营的方式发售这款产品。

两年来，通过对联营合作关系的维护和培养，我已经积累了大量合作资源。在预售阶段，超过34 000人选择加入我的客户名单，而且这个数字是在短短几天内达到的。当我查看预售数据时，那简直就像一场盛大的产品发布会，但你永远不知道未来会怎样。所以，和往常一样，在临近发售日时，我感到非常紧张。表面上看，几乎我认识的联营伙伴都在推广我的产品，多年来产品发售公式一直名声在外，但由于这是一款新产品，价格也重新调整过，我不得不忧心忡忡。

产品发售日定在 2008 年 3 月 27 日。和往常一样，在产品发售日的前几天，我忙得一塌糊涂，要做的事情多不胜数，要兼顾的细节五花八门。我记得，在产品发售前的最后几分钟，我还在手忙脚乱地润色促销信和订单表格。然后，时间到了，所有系统准备就绪，我点击了邮件的"发送"按钮。

我没有等太久。几秒钟后，就收到了订单。当我更新页面数据时，订单如雪片堆积起来。当我回顾这场发售并分析相关数据时，发现我曾在 1 秒钟内实现了 12 000 美元的销售额。1 秒钟 12 000 美元！而在 53 分钟内，我们的销售额达到了 100 万美元，而且这个数字并未就此停止上升。整个产品发售持续了 34 小时，发售结束时，总销售额达到了 373 万美元。

373 万美元只是销售额，不是净利润。在那个时候，我已经有了一个 3 人规模的小团队（但我还是在自己家里办公，我的团队完全是"虚拟"的），我还要为合作伙伴以及其他杂七杂八的事情埋单。另外，我一直很慷慨地向客户承诺返现，所以我知道，净收入会进一步缩减。尽管如此，净收入依然相当可观。我清楚地记得，几年之前，我创业的终极梦想就是每年多挣 1 万美元，以更好地养活家人。甚至在最近，我还接到了第一个合作伙伴的散伙电话，有那么一瞬间，我可谓万念俱灰。而现在，我坐在自己家里，在短短的 34 个小时内就实现了将近 400 万美元的销售额，这一切太不可思议了！

这就是联营式发售的力量，它几乎是产品发售公式这个武器库中最有杀伤力的武器，能够超越它的只有企业创建公式。

第 11 章
产品发售公式 2.0 版：企业创建公式

如果业务被突如其来的不可抗力因素重创，你要如何改变经营策略？当世界性的经济灾难危及你的整个业务，你该如何应对？你的业务"安身立命"的最本质东西是什么？

当你的业务被突如其来的世界性事件重创时，你该如何改变经营策略？当某个人驾驶飞机撞上一幢大楼，进而危及你的整个业务时，你该如何应对？

露丝·布辛斯基是一名执业心理医师，也是美国国家临床应用行为医学中心主席。该中心是身心及精神医学领域的先驱和领导者，在过去20年中，它一直是受政府认可的健康再教育提供者和心理健康护理专家的聚集地。

自医学中心创立以来，露丝帮助数万名心理学家、顾问、社工、医生和护士培养他们的专业技能，从而更好地为病患服务。她主要通过现场开会的形式进行培训，来自世界各地的一千多名学员济济一堂，聆听许多顶尖专家最先进的培训课程。

在2001年9月11日之前，露丝一直生意兴隆。"9·11"事件让许多美国人的生活发生了翻天覆地的变化，带来了各种各样不可预见的影响。其中之一就是，许多人开始减少商务出行次数，这重创了许多行业，包括医学培训。现场会议培训是露丝的主要收入来源，而在"9·11"事件之后,说服人们乘坐飞机参加现场会议变得越来越难。

尽管露丝的生意仍带来不少利润，但她对未来颇感忧虑。

露丝还面临另一项巨大挑战。大约就在"9·11"事件之后不久，她的长期合作伙伴因癌症去世了。当露丝从巨大悲痛中走出来的时候，她开始以一种全新的眼光看待自己的事业。她深知自己必须改变。利润在下降，参加会议培训的人越来越少，她开始试着将互联网视为业务拓展的新途径。她决定放弃现场会议培训模式，转而采用虚拟会议模式。

露丝的主要客户群体是执业医师，非专业人士分摊了剩下的小部分销售额。露丝还向心理医生、内科医生、护士、顾问、社工等提供再教育贷款。她既要让自己的营销模式看起来非常专业，又要兼顾销售额。对露丝来说，产品发售公式再合适不过了。

露丝的在线会议一开始就大获成功。从许多方面来说，她的每次在线会议都是一次典型的产品发售公式。她公布了三段预售内容，这些内容以视频为主，PDF报告为辅。例如，在她最近的脑神经科学培训中，第一部分预售内容就是一段名为"你可以为大脑做的两件事"的视频，视频收获了1 000名观众的评论。

预售结束后，露丝的虚拟大会开放注册。这个大会由一系列网络研讨会组成，人们可以免费报名参加。只有"黄金"会员才可以花钱购买服务，包括大会的录音录像、文字记录以及其他一些额外的服务。

值得注意的是，尽管露丝是一名执业心理医师，但在培训方面，她并不是专家。她聘请了一些世界级的培训讲师来授课，包括丹尼尔·亚蒙、拉姆·达斯以及丹尼尔·戈尔曼。露丝还免费提供了大部分教学内容，如果你愿意一场不落地参加在线论坛的话，可以不花一分钱听这些导师讲课。但是，很多人还是愿意花钱成为"黄金"会员，以获取额外的服务。

由于这一模式相当成功,露丝决定扩大规模。现在,她每年举行三到四场虚拟会议,会议主题包括"正念""脑神经科学"以及"创伤治疗"等。客观地说,露丝取得了不错的成果。在最近的培训中,共有来自70个国家的9 000名观众登录网站观看了至少一场在线研讨会。考虑到这些观众当中绝大部分都是执业医师,那这个数字的意义就非同凡响了。实际上,露丝并没有对普通大众推销她的产品,所以,她的目标客户群规模相对较小。

最近,露丝受邀参与了一场会议,讨论如何用心理健康服务帮助美军士兵。与会者还有同行业的其他泰斗级人物。在这次会议上,露丝发现自己的影响力居然如此之大。她在会议上偶遇美国陆军军医总监(三星中将),他告诉露丝:"我看过你的电子邮件。"美国陆军军医总监也在看露丝的预售内容!

对于露丝来说,最重要的莫过于她不但实现了从线下现场培训到

露丝的年业务增长率高达 160%

线上论坛培训的转型，而且业务蒸蒸日上。在过去 3 年中，她的年业务增长率高达 160%，每年都帮助数以万计的医护专业人员，而这些专业人员则帮助了数十万病患。露丝的故事是业务全盘再造的案例之一。她发售产品的方式从现场会议变成了网络虚拟会议，她的营销模式从直接发邮件变成了在线发售。在此过程中，露丝的营业额提升了，业务领域扩大了，业务风险却降低了。

如何快、好、省地成立一家企业

到目前为止，我为大家陈述了一个事实，即产品发售公式是发售产品和提供服务的一种神奇手段。现在，我想讨论一下如何让它上升到一个新的高度。我把这种更高层次的发售流程称为企业创建公式。在这个流程中，你可以借鉴产品发售公式的核心理念，利用其创造或推动一项业务或一家企业。

在前面几章里，我和大家分享了许多我个人的故事。从作为全职奶爸在家照顾两个小孩，到创建一种影响了数十万人的营销模式，这是一段疯狂的人生之旅。假如我只是坐在家里，像写小说般叙述这个故事，肯定没人愿意相信我。

我下面要讲的故事比我的个人经历精彩得多，因为产品发售公式不仅可以用于发售产品，还可以用来创业，甚至能够帮助人们过上梦寐以求的生活。

你已经看过约翰·加拉赫的故事。他曾经家徒四壁，靠领取救济粮度日，他购买产品发售公式培训课程的钱还是从父母那借来的，而现在，他已经建立了一家规模不小的企业，销售各种各样的产品，并且聘请了六名员工。

曾几何时，苏珊·加勒特一年只能帮助几十人训练他们的爱犬，而现在，尽管还是提供同样的服务，苏珊每年已经可以帮助数千名养犬人训练爱犬。苏珊不但大幅削减了差旅费用，还迅速提高了销售额。换句话说，苏珊现在能帮助更多的人，能赚更多的钱，自己也过上了更悠闲的生活。

威尔·汉密尔顿曾是一个初出茅庐的网球教练，靠一个半死不活的网球培训网站混日子，如今，他已经和世界最顶尖的职业网球选手合作，帮助他们把网球知识和智慧传授给更多人。

出于对客户隐私的尊重，我并不打算公开他们的业务收入，但大多数人会发现，他们的销售规模和利润十分惊人。那么，他们是如何做到的？

通过产品发售公式辅导课程，我开始教人们如何启动和扩大他们的业务，尤其是在线业务。但事实上，企业创建公式的培训内容更深刻一些。我认为企业创建公式的本质就是帮助他们重组业务。一旦他们掌握产品发售公式背后的战略战术，就可以把这些方法应用到每一个领域。

当有人购买我的产品发售公式辅导课程，我对他们的承诺就是帮助他们通过产品发售方式，在一周内实现传统销售中一年的销售额。这是一个看似遥不可及的目标，不是所有人都能达到。实际上，他们在首次发售产品时，几乎从未实现过这个目标。但关键在于，只要第一次产品发售取得成功，后面的成功就水到渠成了。

这正是产品发售公式大受欢迎的原因，就像约翰·加拉赫、苏珊·加勒特、威尔·汉密尔顿和露丝·布辛斯基一样，他们把产品发售的理念提升到一个前所未有的高度。我把他们所使用的方法称为企业创建公式，下面我会详细阐述其中的原理。

乘胜追击：会员制网站

让我们从约翰·加拉赫开始吧。我之前说过，他发售的第一款产品是一种教小孩识别可食用中草药的棋盘游戏。那次发售让他的客户产生了巨大的购买欲望，并且极大地扩充了他的客户群。约翰乘胜追击，利用这次发售带来的积极影响销售了中草药配套产品。这是一款实体产品，可以让用户在家自制中草药配方。

这两次产品发售提升了约翰在市场上的声望和地位，帮助他扩大了客户规模。伴随着每一次产品发售，约翰与客户的频繁互动（也就是产品发售对话）都帮助他更加精准地定位下一款产品。假如你的买家和潜在客户已经明确告诉你他们下一次想要的产品，那你还有必要瞎猜吗？

所以，约翰又及时策划了一款新的主打产品：会员制网站——为了进入这个网站，访客每个月需支付 12 美元。约翰也为这个网站举办了发售活动，并取得了成功。具体地说，借助此前在产品发售中获得的知识和技能，约翰这一次的发售活动是迄今为止效果最好的一次：数百人付费访问他的网站，数千人订阅了他的电子邮件。约翰推出的会员制网站。

这个网站给约翰带来了稳定、可观的月收入，成为他赖以生存的收入来源。很快，约翰需要招聘专职人员打理网站了，渐渐地他组建其了自己的团队。

如今，约翰已成为中草药市场的重要角色，但与其说他是专家，不如说他是给追随者推荐专家的人。从商业角度而言，约翰显然是市场的领导者，这让他可以和一些顶尖专家一起制作视频教程。现在，约翰每年会发售两款与行业内的顶尖专家共同开发的新产品。此外，他每年会重新发售一次他的会员网站。也就是说，约翰每年要进行两到四次产品发售。由于经常在产品预售阶段就给客户带去巨大价值，所以每发售一款产品，约翰的客户名单就会扩充一次，于是他的市场地位也日益提升。

当你不断给市场带来价值，就意味着你在与买家和潜在客户建立关系，并且鼓励他们与你进行对话，接着你就可以从他们那里获得新产品和推广方式的好想法。这就是企业创建公式，对于急速扩张的业务而言，它无疑是制胜法宝。

省之又省：在线培训课程

从表面上看，苏珊·加勒特的经历与约翰的故事略有不同，但其内在策略实际十分类似。在刚接触产品发售公式时，苏珊的初衷就是多挣点钱，在信用卡账单到期前付清产品发售公式的购买费用。因此，她把过去几年里写的一些资料编制成一本简明扼要的电子书，售价14.97美元。在首发时，这本书就产生了27 000美元的销售额，这比她购买产品发售公式培训课程的成本多得多。

除了金钱，这次产品发售让苏珊收获了另外一件更重要的事情：产品发售公式真的非常有效。她知道自己拥有强大的市场竞争力，而且能把产品发售做得更好。

发售第一款产品不久，苏珊又制作了一个新的DVD培训课程。过去，她主要通过经销商销售这些DVD，但现在，她有了一份客户名单，她决定自主销售。她策划了一次简单的产品发售，三天之内，销量超过了过去一年的总额。

从那时起，苏珊就决定全身心开发信息类产品。如今，她已经开发出一系列在线销售的视频培训产品。有了这些数字化产品，她不用再担心DVD的成本，或者与经销商打交道的烦恼了。她可以把培训课程直接卖给客户，客户只需上网观看即可。

苏珊每年都要开课几次。在预售阶段和整个培训过程中，遵循产品发售公式，她都能够给客户创造价值。如今，她的业务规模已经比使用产品发售公式之前扩大了16倍，这足以让她组建一个小团队，帮助自己持续提升培训课程的价值。

在财源滚滚的同时，苏珊过起了更简单的生活。她不用再四处奔波，只是在参加比赛时才偶尔出远门，于是，苏珊有了更多的时间待在家里陪丈夫。她成功地让自己的影响力在世界范围内呈指数级扩张，她也更加接近自己的终极目标：帮助所有养犬人和他们的爱犬过上更好的生活。

数量取胜：多产品并发

威尔·汉密尔顿的创业之路是企业创建公式的另一个例子。他初次发售产品就赚得了35 000美元，又是一个巨大的成就。在经过一年的奋斗之后，威尔终于找到了能养活自己的行业。紧接着，他运用从这次产品发售中学到的知识，又连续发售了3款产品，总销售额达到340 000美元。

这几次产品发售奠定了威尔在在线网球培训市场的领导地位，他的客户数量迅速攀升。威尔不再是那个初出茅庐、只有一个网球培训网站的毛头小伙，他成了网球培训市场中数一数二的领军人物。

凭借着产品发售的优秀成果以及市场地位，威尔开始与世界顶尖的职业网球选手合作。他首先与布莱恩兄弟签约，然后又与前世界排名第一的网球选手帕特·拉夫特合作。与职业选手的合作并未到此为止，威尔现在正和其他顶尖网球选手洽谈合作事宜，他甚至考虑与网球界之外的其他职业运动员展开合作。

以上四个案例向我们展示了企业创建公式的强大之处。借助产品发售公式，你也可以开拓出一项全新的业务。

企业创建公式的六个关键点

在要求客户购买产品前，你要先给客户提供价值，这是产品发售公式的精髓。你必须先获得客户的信任，甚至成为他们的朋友，然后再谈生意。**给客户创造价值的用意在于，让客户在你还没有开口要订单前，就已经愿意为你掏腰包。**这和数千年来顶尖销售人员所做的事情没太大区别。然而，有了产品发售公式，你就能够做前人无法做到的事情，就算是相距千里的两个人也可以顺利交易。

这种销售方式或许没有一场精彩的面对面销售那么有效，也没有电视网络那么广阔的覆盖度，但它兼具了两者的优点。企业创建公式是产品发售公式的自然延伸，它借助产品发售公式的一些原理，将其应用在开拓新业务上。

关键点 1　在发售过程中，永远给客户高质量的预售内容

首先，你必须保证自己的业务会给市场带去价值，即无论潜在客户买不买你的产品，你的预售内容本身要足够精彩。这算不上新鲜话题，在这本书里，我再三强调过这一点。

在产品发售过程中，并不是所有的潜在客户都会向你购买产品。实际上，几乎在每一次发售中，绝大多数人都不会购买产品。原因很多，最常见的原因就是时机不对。假如你卖的是婚纱，而你的潜在客户没有结婚的打算，那交易就无法达成。

然而，在当今市场，每个人都能在社交媒体上发布信息，愿意的

话，每个人都可以借助社交媒体这个特大号扩音器发表自己的主张。而如果一个人拥有成百上千名"粉丝"，其影响力将更加显著。所以，培养"粉丝"是你成功的关键。

毫无疑问，如果能在预售阶段给客户带去真正的价值，影响会更为深远。在我的好几次产品发售过程中，很多人都只是旁观者，他们还没有做好购买产品的准备。可当时机成熟，他们就会想起我。我已经给潜在客户创造了价值，并与他们建立起牢固的信任关系，所以他们一旦有需要就会回来购买我的产品。

关键点 2　不断完善客户名单，并与名单上的客户培养关系

一旦你有了规模适中的客户群（甚至是只有几百名订阅者的小规模客户群），你就会意识到命运已经掌握在你的手中。你会发现，只要写一封电子邮件，把它发给客户，就能在几秒钟之内收到回复，这个过程会改变你的观念，你会开始专注于创建客户名单。

你的客户名单可以不止一份。我在第 3 章说过，你可以拥有许多份客户名单。从广义上来讲，我这里所说的客户名单，是指你拥有的各类客户名单，它们将成为你最重要的资产。只要你创建了客户名单，并且与客户打好关系，就能成功创建业务。

你与客户的每一次互动，要么会增进与客户的感情，要么会损坏和他们的关系。但这并不是说你只能向他们发送产品内容，而不能邀请他们购买产品。相反，在给客户提供价值的同时，你要实现销售目的。请记住，把一个人从潜在客户变成买家是提升这段合作关系的价值的最佳方式之一。潜在客户一旦购买了你的产品，他们就有可能继续买下去，即使价格高一些也不成问题，最佳状况是，他们会主动推荐其他客户来购买你的产品。

关键点3　多推荐产品

几乎所有经历过产品发售的人都会面临这个问题。在发售第一款产品时，你会不止一次地想接下来要推荐什么产品。这种想法源自于产品发售对话，你和潜在客户进行了大量互动，得到许多建议，也产生许多想法。许多人会周期性地发售产品（例如露丝·布辛斯基每年要举行多次虚拟会议）。通常情况下，产品发售公式的学员每年会发售三到四次产品，有时候甚至更多。

做过各种各样的产品发售之后，我发现每年做两到三次产品发售最恰当，其中一两次是联营式发售，它能帮助你迅速建立客户群，并实现大规模销量。其余的则是较小规模的内部产品发售，它能够帮我细化新产品，然后用联营发售方式将这些新产品推向市场。

关键点4　种子式发售→内部产品发售→联营式发售

产品发售有一种非常有效的循环模式，我称之为"了不起的循环模式"。我知道，这种说法不太贴切，但这是我和我儿子一起发明的新词，尽管语法有所欠缺，可只要能表达出效果就可以了。

这个循环模式是这样的：你想开发一款新产品，于是你借助种子式发售创造了这么一款产品。种子式发售有助于你得到第一批客户，保证这款产品有市场，继而完善出一款大受欢迎的产品。

种子式发售结束后，你的产品已经成型，于是你需要向客户进行内部产品发售。在内部产品发售过程中，你又创建了一个完整的预售序列，并确认了那些真正会购买你产品的客户。内部产品发售的特点决定了它能比种子式发售带给你更多经济收益。

接下来，如果内部发售效果不错，你就要进入联营式发售阶段。从内部产品发售中，你已经收集到了足够的数据，你可以用它来说服潜在的联营伙伴。此时，你的产品预售工作已接近完成，发售序列也大部分测试过了。

联营式发售有许多可调整的地方，但既然你在内部产品发售过程中已经完成了大部分工作，所以一切就更容易控制了。一场成功的联营式发售，效果会比内部产品发售好上许多倍。

经历了从种子式发售到联营式发售这个过程，你通常会对下一款产品产生好几种想法，于是又回到种子式发售这个起点，于是你开始进入一个循环。种子式发售之后，你又要借助内部产品发售测试你的新产品，并继续这个循环。唯一不同的是，这时候你已经有了更多的经验，客户规模也更加庞大，且赢得了更多联营伙伴的信任。

这是一个大循环，更是一种了不起的模式。

关键点 5　重复发售与永久发售

第 4 章中巴里·弗里德曼的经历会让你知道，重新发售产品是一种非常有效的手段。巴里重复地开办演艺蓝图计划培训班。由于班级规模较小，他和学员的互动频率非常高，这也就意味着他可以收取较高的费用。小规模的班级还可以较高地满足客户的需求，这样他就能不断地重复发售这款产品。

重复发售是否有效，取决于你对客户的开拓度。如果不断有新客户加入你的客户名单，而且你的发售序列被证明行之有效，那你就有更多机会。你可以采用间歇性的重复发售模式，也可以采用永久发售模式。

永久发售模式不在本书讨论范围之内，我们只要稍加了解即可。它是指当新客户加入你的名单时，请根据他们的加入时间，设置相应的发售序列。

关键点 6　关心买家，经常向他们发售产品

在商业领域，有一条颠扑不破的真理：向已有客户推销产品比开发新客户容易得多。至于到底有多容易，要视情况而定，但这种对比结果通常十分惊人。根据我对不同产品的在线销售经验，二次推销比开发新客户要容易 15 倍。

也就是说，你要关心买家。我很喜欢给客户提供比承诺的更多的服务。我会提前策划这种惊喜。在设计一款新产品时，我通常会附带一些额外的奖励，我不会把这些奖励放在产品推荐中，也不会在销售过程中向客户提及，只有客户购买了我的产品之后的某个时间，我才用这些额外奖励给他们制造惊喜。即使是历经沧桑的老年客户，也会为这种意料之外的奖励而高兴。所以，想给客户制造惊喜简直太容易了，给他们一些小甜头即可。

给客户留下深刻的印象也不难。给他们你所承诺的东西，给他们全方位的服务，然后奉送一两个额外的惊喜，做到这几点，你就会得到 100 倍的回报，客户不但会期待你下一次的产品发售，而且会成为你的狂热"粉丝"。

企业创建公式是一套远比我讲述的这些内容更加复杂和宏大的模式。出于表述和理解的需要，本章只是提纲挈领地对企业创建公式进行了概述，但这个流程已被证实卓有成效，我的很多学员一遍又一遍地使用这个方法，最终获得了一波又一波的成功。他们在充分运用产品发售公式的基础上，把它的理念提升到一个更高的水平。相比发售单一的产品，企业创建公式更像是通过发售一系列产品来开拓整个事业，其中每一次产品发售，都是以上一次的成功为基础。不断成功之后，你的客户规模扩大了，产品优化了，有更多老客户回头，联营伙伴更加强大，而这就是企业创建公式的魅力。

第 12 章

互联网创业逻辑：只赚"喜欢"赚的钱

两场规模相同，演讲主题一致的会议，为什么第一场赢得了观众如潮掌声和热情提问，第二场却被认为"沉闷无聊"？面对如此迥异的反应，你应该想办法调动第二场观众的积极性还是牢牢锁定第一场观众即可？

由于业务的性质，我可以深入了解许多企业的运作方式，还可以了解创建和运营这些企业的企业家。这将是以下两章所要探讨的主要内容。**创业是一回事，创建你真正热爱的事业并过上自己中意的生活则是另外一回事。**我发现，许多人最终要苦苦支撑自己的企业，更糟糕的是，有些人根本不喜欢甚至憎恨自己的企业。无论哪种情形，都不是什么好事。

许多人刚开始创业时的状态和我一样，我们极度渴望自己的业务快速运转起来，努力避免陷入困境。当你为了生计而拼命时，任何看起来可能赚钱的机会你都不会放过。但对绝大多数人来说，一旦赚到钱，生意就不止是赚钱那么简单了，很多人会开始思考这个问题："我要的就是这些吗？"

在我看来，如果你全身心地投入到工作中，就能开拓出一项自己钟爱的事业。拥有属于自己的事业的美妙之处在于，你可以制定属于自己的行规。所以，为什么不制定一套能助自己成功的规则呢？为什么不让形势朝着更有利于自己的方向发展？

想开拓出自己钟爱的事业，产品发售公式是唯一的方式，这虽然听起来有点王婆卖瓜，可事实就是如此。但是，在运用产品发售公式之前，你需要弄清楚，你希望自己的业务是什么样子？

你为什么创业？

要开拓出钟爱的事业，你首先要弄清楚创业的原因。如果你做生意只是为了发财，那很好，赚大钱总是件好事。赚钱意味着积累能量和实现财务自由，而能量和财务自由正是我希望得到的。缺钱会烦恼，钱太多也会烦恼，但相比之下，我更喜欢钱太多带来的烦恼。

说到金钱，我注意到一个现象，即一旦人们赚的钱足够多，他们就会开始追求生活中的其他事物。有些人的人生目标是组建一个伟大的团队，为员工提供就业机会和成长空间。还有些人的目标是发明伟大的技术，为人们提供培训，或者普度众生。我就不一一列举了，你肯定明白我的意思。有时候，我们需要一种更高的人生目标，它比金钱和物质更重要。

你创业的原因是什么其实并不重要，重要的是，你要找出这个原因。俗话说得好：若不知去向何方，你就只能随波逐流。在产品发售公式研习班上，我设置了一个环节，就是让客户了解他们自己的创业动机，这个环节最终成为授课过程中最有效的练习。一旦你找到了自己的创业动机，就会变得更加强大。

你最想为谁服务？

事实上，人生来就不平等，在开发客户方面更是如此。对你来说，有些人是很好的客户，有些人则不是；有些人会与你、你的产品产生共鸣，而有些人则无动于衷。我并不是要对这些人评头论足。我知道，有些人喜欢我和我的做事风格，有些人则不会；有些人觉得我衣衫不整，有些人则觉得我应该穿得更随和些；有些人觉得我看起来很年轻，有些人则觉得我看起来老得不行。我不在乎别人的看法，因为我知道，在产品发售的过程中，我自然会吸引到能够与我融洽相处的人。

我坚信自己能吸引到优秀的人，这个想法已经在我的头脑中根深蒂固。**可能有些人会对我的话不以为然，甚至觉得我是痴人说梦，但没关系，这只能证明我们道不同，他们不适合我的业务。**对你的业务而言，也是一样的道理，我们每个人和别人的关系总会有好有坏。事实上，你就是要吸引合适的客户，将不适合的排除在外，这是优秀的市场营销人员要做的工作之一。

排除意味着我们可能要拒绝某些人，但你不应该与买家和潜在客户针尖对麦芒。在这方面，我吸取了不少教训。就在最近，我作为演讲嘉宾参加了两场会议，会议中有件事令我印象深刻。这两场会议都规模宏大，与会人数达数百人。表面上看，这两批观众没有区别，他们都乐于接受我的培训，但实际上，二者差之千里。

第一场会议的观众普遍热情，他们留意我说的每一个字，当我要求他们做点什么时，他们也很积极地参与进来。他们积极地提问，我能明显感受到会场里的热烈氛围。我很享受自己站在台上的每一分钟，当我最后走下讲台，观众蜂拥上来，不断向我提问，光提问就持续了将近两个小时。

演讲结束后，我心情异常激动，并盼望着参加下一场会议。遗憾的是，第二场会议的氛围与第一场完全不同。第二场的观众虽然也很注意听我的演讲，很尊重我，但仅此而已，我无法让他们参与到我演讲的话题中来，他们基本上没有疑问，整场演讲让人感觉很沉闷。

毫无疑问，第二场演讲对我来说简直就是煎熬。在演讲过程中，我突然清晰地意识到，第一场演讲的观众才是与我志同道合的人，尽管在我上台之前，绝大多数人都不知道我是谁，但他们完全能听懂我在说什么。至于第二场的观众，很显然我们不在一条船上，尽管他们人都很好，但总的来说，他们和我合不来。

这两场会议的差异点在于让观众参加会议的手段不同。第一场会议中，我用的营销手段与我做生意的方式一致，而第二场会议的营销手段则恰好违背了我原本的方式。我在第二场会议中的演讲纯粹是一种强行推销，这与我平时与客户的谈话方式非常不同。

演讲结束后，我回访了那些参加当天会议的客户。相比之下，参加了第一场会议的客户更容易打交道，他们不需要太多的服务，参加群体活动的次数更多，销售业绩更好，也能够提供更有说服力的案例研究，而且大部分人都参加过我的精英辅导小组。

这个故事说明了一个道理：你一定要吸引那些志同道合的人加入你的事业。幸运的是，你手上已经有了一样吸引这些人的工具，那就是产品发售公式。如果你能遵循这个流程，并在预售内容中说出自己的故事，就会吸引到与其趣味相投的客户。

你的后背可以交给谁？

我儿子刚开始参加山地自行车竞速赛时，从教练那里学到了非常重要的一课。他告诉我，在山地骑行时，一定要注意拐角处。也就是说，当你骑着自行车沿着陡峭的山路冲下来时，千万不能只盯着车轮前方的路，那样很容易出事故。只盯着车轮前方意味着你只有一秒钟的反应时间，这样你迟早会遇到一个无法迅速躲避的障碍物。

因此，你的眼睛一定要看得更远，并尽量拓宽水平视角。转弯前，你的视线要越过弯道，看到转弯之后的直道。即使有树木挡住视线，你也应全神贯注，将眼光投射到树木之外，提防着可能出现的危险。

做生意是同样的道理。你不能只想着明天、下周或下个月的事情，你应该考虑更长远一些的情况。不要想着追求所有能吸引眼球的目标，也不要被新的策略分散注意力。如果要改弦更张或追寻新的发展方向，一定要十足充分的理由。

我目睹过不少人因为追逐新的营销策略或为了更快赚钱，不断改变定位和品牌形象。他们不断抛弃取得的成果，不断追逐某些短期利益。如果你能做到高瞻远瞩（在当今社会，能考虑到 3 个月以后的事情已属难得），不为眼前利益引诱，你就能在市场中脱颖而出。

1937 年，拿破仑·希尔在他的著作《思考致富》（*Think and Get Rich*）中，率先提出了智囊团这个概念。实际上，我在创业初期也积极加入了好几个智囊团，否则，我不会有今天的成就。

智囊团的工作方式十分简单：一群志趣相投的创业者聚在一起，在开拓业务的过程中相互扶持。智囊团不是联谊团体，不过当你身处这个团体中，自然而然会有一些联谊活动，但最重要的还是成员之间相互分享、彼此负责、集思广益。

通常情况下，在智囊团中你会接受严酷的考验，如果你没有经历过创业的艰辛，一定会觉得被逼疯。首先，智囊团中的某人提出他的创业想法或遇到的问题，然后，团队的所有成员开始围绕这个想法或问题进行讨论。

如果你的智囊团成员都是业内顶尖人士，那么讨论过程最终会演变成类似于鲨鱼抢食的有趣局面。我们都知道，解决别人的问题比解决自己的问题有趣多了。试想一下，当你把 20 ~ 30 个充满创意的企业家集中于一间会议室，让他们开动脑筋解决同一个商业问题，那一定会像在鲨鱼游弋的海水里滴入了新鲜的血液，所以千万记得别把胳膊悬在船舷上。

从1999年开始，我加入过各种各样的智囊团。有的智囊团是会员制，那里有专业的组织者，参与者需要缴纳一定费用；有的智囊团是友谊性质，没有核心的组织者。团体的形式也各有不同，有些是通过电子邮件联系，有些是通过电话联系，而有些则会进行线下的面对面沟通，这是最有效的联系方式。

我为小部分客户量身订制了几个高端的付费式智囊团，这些小规模的团体让我更懂得如何组建一个伟大的智囊团。我的"铂金智囊团"成员已经和我称兄道弟了，这是我见过的最强大、最团结的一个团体。

这么多年来，我的身份从智囊团的参与者转变成了组织者，过程中我悟出一个道理：有些团体在创建之初就孕育着不平等。要把一群不相干的人拧成一根绳，需要一种魔力，而这种魔力不是人人都有。一个团队水平的高低，取决于团队成员的水平高低。

一个伟大的智囊团离不开一群愿意付出的人。他们专注于为别人创造价值，愿意把别人的利益放在自身利益前面，这就是智囊团的精髓。智囊团的每个人都专注于帮助其他人，因为他们知道，在帮助别人的过程中，自己自然而然会得到回报。除了做一名给予者，你还有一帮情商高、力量大的同伴，他们对团队的贡献只多不少。你不必成为团队里风头最盛的那个人。

优秀的智囊团都有一种强大的气场，以及近乎完美的团队意识。成员对整个团队有一种荣辱与共的强烈认同感。加入智囊团后，如果我缺席了某次聚会，就会产生失落感。如果我好几天没上网，回到电脑前的第一件事就是去看团队成员发给我的电子邮件。

如果你拥有一群志同道合的朋友，神奇的事情会发生在你身上。俗话说潮起抬高所有船，这正是一个伟大的智囊团带给你的所有惊喜。当每一个成员都专注于帮助其他成员时，他们自身也受益匪浅。他们彼此激发灵感，产生无数创意，相互间的关系也得以更加深厚，这一切都将他们的事业和生活推向一个更好的未来。

所以，我建议你赶快加入一个强大的智囊团吧！你也可以请教你认识的企业家，让他们给你推荐一个。你可以加入一些免费或近乎免费的团体，不过这样的团体一般很难找。付费团体通常更容易，它们的组织结构也更加正规。或者，你可以自己组建一个智囊团。在找到适合的团队之前，你可能要尝试好几个团体。当你找到真正适合自己的团体时，回报将无比巨大。

选择即失去，留心你的机会成本

在某次产品发售公式培训课上，一名学员走过来问我："在生意场上，最重要的一件事是什么？哪件事对我本人和我所取得的成就有着非同寻常的含义？在我的业务拓展过程中，最应该关注什么？"

这真是个难以回答的问题。在生意场上，最重要的一件事是什么？哪件事是决定着业务的成败？我的答案是：机会成本。按照维基百科的说法，机会成本是指为了得到某种东西而所要放弃另一些东西的最大价值。在我看来，这个定义有点晦涩难懂。我认为，机会成本是指你在两个或两个以上难以抉择的选项中进行选择时所放弃的那个选项。**机会成本不应局限于财务方面，对创业者而言，最大的机会成本通常是时间。**

当你刚开始创业时，你的资金可能非常有限，而且许多事情都要亲力亲为，所以你的时间资源肯定相当有限。于是，选择合适的机会变得极其重要，因为一旦选择错误，你之前所做的努力都会白费，业务会倒退几周、几个月，甚至几年。

这就是机会成本的含义。追求机会比机会本身需要的经济成本要高得多。我不是在耸人听闻，这我不是空穴来风，因为不作为本身就是一笔高昂的机会成本。我想让你知道，当你决定选择某条道路时，就不能再选择其他道路了。一旦你在业务上有所建树，机会成本就更加明显了。你的事业越成功，你就会遇到更多机会，这就是我们所说的交易叠加现象。当事业取得成功后，你就有了一系列的资产，你有了向世人证明了自己价值的资本，一夜之间，所有人都想和你做生意。

财源滚滚是好事，富人们就是通过财生财让自己变得更富有。所以财富从 10 万美元增长到 100 万美元，比从 1 美元增长到 1 000 美元要容易得多。交易叠加就是这种现象产生的原因之一。

当进入"富人区"时，你通常很容易分心。你只有这么多时间、精力和资产，每当你选择了某个机会，就意味着你得放弃另一样东西。对创业者来说，这样东西就是时间。我的朋友迪恩·格拉希奥西用这样的比喻来形容机会成本：**它就像是摆满书籍的书架，如果他想再买一本吸引他的新书，就意味着他必须从书架上拿下另一本书。**

所以，做生意时，选择多是好事，但这些选择都有机会成本。面对机会成本做出正确的选择，是你生意获得成功的最重要技能之一。

试试与竞争对手合作

如果你希望取得长久成功，就要做一个孜孜不倦的学生。你的客户和竞争者都不会原地踏步，所以你必须不断前进。

在开发业务的过程中，我结识了许多成功的企业家，所以我知道，每一位成功人士都保持着持续学习的劲头。你不能停下学习的脚步。

由于我的工作是指导人们开拓业务，所以这话听起来或许有点恬不知耻，但我依然要说，事实上，在自我教育方面，我投入了大量的时间和金钱。我不得不这样做，因为这是我的工作。如果你想在生意上取得成功，就要让自己一直保持在巅峰状态。所以，你要不断学习，不断自我充实。

一谈到生意，我们自然会想到竞争者，但实际上，我在开展业务时从不觉得自己有竞争者，我把他们视为合作伙伴或潜在合作伙伴。可以说，在自己的行业建立牢固的人际关系尤其重要。

我知道，有些行业的竞争异常激烈。假设你开了一家健身房，那你的客户很可能只在你这一家健身房健身。在这种情况下，你就是当地其他健身房的竞争对手。**在当前市场，随着知识型工作者的人数越来越多，越来越多企业成为知识型企业，你与竞争者之间的合作机会也将远多于竞争机会。**

如今，我的生意主要依赖合作伙伴的推广。他们所在行业或许与我所在行业存在直接的竞争关系，但我们并没有相互竞争，而是相互扶持。因此，我们不必担心各自的市场份额会变小，相反，我们一起努力，扩大整个市场的规模。

我建议你现在就开始行动，把竞争对手变成合作伙伴。你的关系网就是你的资本，大胆尝试吧！

本书中，我提及的所有案例几乎都与信息行业有关。这些行业致力于向人们提供教导或培训类产品，例如犬类培训、网球培训或杂技培训等。但信息行业的覆盖面毕竟有限，汽车销售、房屋中介、地毯清洁等服务同样有自己的市场。

然而，在当今世界，每个人都会在某种程度上与信息行业沾上边。几乎每家成功的企业，都会在业务中引入信息科技。信息科技既可以存在于销售过程中，也可以成为产品的一部分。

例如，我的朋友乔·波利希当初之所以能在地毯清洁领域脱颖而出，是因为他向客户公开了行业内的欺诈性技术条款，进而取得了客户青睐和信任。波利希的报告不但提高了自己的曝光率，还极大地促进他的产品销量。显然地毯清洁并属于信息行业，但他用一款知识型产品创建了他的实体服务业务。

我们生活在一个联系紧密的信息化世界，人们希望动一动手指就接收到信息并与别人产生联系。在这样的环境中，每个行业都应该在某种程度上涉足信息业务，把客户需要的信息融入市场营销环节，或者融入产品本身。

早在1996年我创立第一家企业时，就非常注重人情味。带有人情味的销售更加容易达成。我一直坚持做自己，没有假装来自哪家大公司。在写给客户的电子邮件中，我从不说"我们"，这让我一开始就显得与众不同。当初，每个做销售的人都装出一副大企业员工的派头，而我在给客户写邮件的时候，我的语调就像在给朋友写信一样，结果这个方法很管用。

人们都想和人打交道，而不是毫无人情味的公司。他们不想在看邮件的时候得到"公司腔调"或"空姐提示"。坐飞机时，空姐通常会提示乘客："飞机舱门即将关闭，请阅读您座位前方椅背袋中的安全须知。"这个声音冰冷而没有人情味。虽然也会有例外的时候。当你要执行一些关键任务时，你的客户想要知道你是否有足够的资源来支持你的服务。但即使在这种情况下，他们还是希望和"人"打交道。

对销售而言，公司腔调非常致命，因为客户都希望从有人情味的人那里购买产品。在和客户交谈时,你一定要避免或少用"我们"这个貌似严肃的词语,你要一对一地和他们交流,这样更有助于你的产品销售,让你能以更愉快的心态经营业务。重申一遍,产品发售公式就是要与你的潜在客户以一种可以建立关系的方式进行沟通。

当你意识到自己拥有掌控力时,你可能已经创建了一家伟大的企业。或许这听起来有点不可思议,但实际上,许多人会按照他们所看到的其他企业的模式来创建自己的企业。

记住,你要成为规则的制定者。你不一定要按市场上其他人的方式来做生意,也不必和自己不喜欢的客户做生意,你可以创建一家自己喜欢的企业。而在此之前,你要弄清楚自己想创建的这个企业是什么模样,以及你拥有这家企业后你的人生会发生怎样的变化。这正是下一章要探讨的内容。

第 13 章
除了事业，人生也需要经营

在摩托罗拉公司上班的时候，沃克就想有一天要住在群山之间，冬天滑雪，夏天骑行，但憋闷的西装何时才能脱下？

创业之路虽然精彩但难免遭遇坎坷，勇敢的创业者要如何调节，才能不让生活和家庭随着事业的起伏而风雨飘摇？

从密歇根州立大学商学院毕业后,我加入了位于亚利桑那州坦佩市的摩托罗拉公司。当时,我收到了好几家公司的邀请,但最终还是选择了摩托罗拉,主要是因为我喜欢那个地方。我在底特律长大,从未到过密西西比河以西的地方,但我一直有去西部的冲动。

从密歇根州到亚利桑那州,这是一段很长的路程,我足足开了四天的车。第三天晚上,我住在科罗拉多州杜兰戈市的一间小宾馆里,这是我从未听说过的小城镇。我从没看到过那样的山脉,这地方给我留下了深刻的印象。第二天早上,我给父母打了电话,告诉他们我在杜兰戈,我跟他们说这里有多么好。

几分钟后,父亲对我说:"听起来你很想留在杜兰戈不想再继续往前走了嘛。"多年过去,我仍然记得这句话。因为"在杜兰戈生活"这个看似荒唐的想法打动了我,就像要上月球漫步一样诱人。

我在一个温馨的家庭长大,父母含辛茹苦地抚养我们几个兄弟姐妹长大成人。从我们呱呱坠地,到读大学,他们给了我们很好的生活。我的人生模式似乎应该是这样的:接受教育,找一份好工作,然后余生就在工作中度过。这是我们家族好几代人的人生模式,也是我许多亲戚朋友的人生模式，更是我很多中产阶级邻居们的人生模式。

然而，不知道什么原因，我一直想拥有一家企业。我不知道这个想法从何而来，但我记得，我在 10 岁的时候就产生了这种强烈的愿望。但是，我没有可以学习的榜样，根本不知道如何创建和经营一家企业，我也没有可借鉴的现成经验，不知道别人是如何做到的。拥有一家企业的想法完全与我人生的所见背道而驰。后来我去了坦佩市，试图找到自己下半生的生活模式。

当我到了坦佩市并在摩托罗拉工作之后，我很快意识到自己不适合在公司里上班。我觉得自己和环境格格不入，我完全无法适应。几年以后，我辞去了工作，远离朝九晚五的上班模式，待在家里带两个小孩。我已经脱离了企业界，再也不会回去了。

拒绝朝九晚五，我要睡到自然醒

我是在科罗拉多州杜兰戈市写这本书的。这里是我的第二故乡，我和妻子在 14 年前把家搬到了这里。当年，我父亲说我听起来似乎很想在杜兰戈生活，真让他说中了。而我之所以真的住在杜兰戈，是因为我可以选择任何一个我想定居的地方。我的生意是 100% 的在线业务，我的团队也是虚拟的，因此，我的工作可以完全不受地域限制，只要能上网，我在哪里都一样。

对大多数人而言，杜兰戈或许不是他们的第一选择，但我喜欢这个地方。科罗拉多州最美丽的山脉似乎就在我家后院，美国西南部最大的沙漠离我家也只有几小时车程。我随时可以到山上滑雪或骑行。我喜欢那些选择在杜兰戈定居的人们，这里是抚养孩子的理想之地。

我每天早上睡到自然醒。只有当我想一大早上山滑雪或者需要赶飞机时，我才会设闹钟，只有在我想出差时，我才会长途旅行。为了业务发展，我会选择性地去见那些了不起的人物，或者去参加世界级的培训。

住在科罗拉多州乐趣还在于我可以和孩子们一起参加美妙的户外活动。我的两个孩子都是出色的山地自行车手和滑雪爱好者，他们还在世界上最湍急的河流中玩过漂流。我对你说这些，并不是为了炫耀，而是想让你知道你的人生有无限可能。我有一份事业，让我可以帮助成千上万的创业者；我有一个优秀的团队，帮我经营着我的业务；我可以选择在任何地方居住，我还有时间在自家门外享受美妙的户外运动。

有时候，当人们听我谈论这一切时，他们会认为我不过是个与众不同的人而已，或者我拥有某种神奇的力量，又或者认为我知道一些内幕消息，只是运气好而已。他们都想错了，我没有任何神奇的力量，当我开始创业的时候，我不知道任何内幕消息，更没有任何优势可言。

我只是一个来自美国中西部的普通人，经历了一段失败的打工生涯之后，我成为了全职奶爸，但我最终过上了梦寐以求的生活。那么，我是如何做到这一切的？

这都是源于产品发售公式。这当中少不了我的努力和运气成分，但起关键作用的还是产品发售公式。最重要的是，我不是唯一取得这些成就的人，我的许多学员和客户也取得了类似的成果，你已经读过了他们的故事。那么，如何创建一家企业？如何过上自己想要的生活？

在过上理想生活之前，你要敢"想"

当我第一次创业时，我做了一项练习：在脑海中描绘未来的理想生活。我是在一款培训产品上看到这项练习，我觉得它是我成功的基础。练习的时间不长，且很容易操作。我把自己想要的东西都写下来，包括收入、生活方式、物质需求、旅行体验等。这份清单并不是很长，因为那时候我还不知道人生有这么多可能性。和我现在的生活方式相比，我当时的眼光非常短浅，但这份清单给了我一个大致的方向。

有趣的是，完成这项练习后，我把清单折了起来，放到日记本的后面，之后完全忘了它。几年后，我偶然发现了这张纸，并且意识到，自己当年写下的每一个目标都已经实现。所以我觉得，我们心中对未来一定要有一个愿景，把它给写下来，未来才有实现的可能。

后来当我的企业开始成长，我又修改了这份愿景清单。我把自己在未来想要的每一样东西都记录下来：目标收入、生活方式、财务状况、如何发展业务、业务带来的影响、想和哪种类型的人共事等。如果你想要深入一点，可以多写一些内容，包括你对未来人际关系的期望，对身体健康和情绪健康的要求，以及对房子、教育和家庭的期望。

这项练习的答案没有对错之分。你写下的东西也并非一成不变，你可以在任何时候修改里面的内容，而且你将来肯定会这么做。这份清单只是当前你对未来人生的愿景。只要你愿意，你可以在将来任何时间段做这项练习，我通常想象的是从现在开始未来三至五年的愿景。请记住，这份清单处于不断变化之中，我不断地更新自己对未来生活的愿景，你也应该这样做。

放手去做吧！关掉你的手机，关掉你的电子邮件，关掉你的即时通讯软件。或许，断开自己跟网络的连接可能是个好主意。相信我，当你在 30 分钟后重启网络时，世界会恢复原样。关上门，或者出趟门，找一间咖啡店或图书馆，拿上一张纸和一支笔，或者在电脑上打开一个空白文档，把你对未来三年生活的想象写下来，例如：

- 收入将达到什么水平；
- 将会开什么样的车；
- 会住在哪里，住什么样的房子；
- 哪些人将成为你的客户，你将如何为他们服务；
- 人际关系会怎样，与朋友、合作伙伴、孩子、父母、同事的关系怎样；
- 精神生活如何；
- 会到哪里旅行，有哪些人生经历；
- 在个人生活和职业层面，将会有哪些成就。

在列这些目标时，你可以想象自己已经实现了它们，这样才更加逼真、更加真切。不要低估这个过程。你创造的每一件有意义的事情，都来源于你的想象力。现在，你已经明白自己要走向何方，那就让我们谈谈抵达目的地的具体措施吧。

创业者的安全感

为了拥有梦寐以求的生活，你首先需要的是安全感。很多人渴望创业，却又担心没有固定工作因而失去安全感。遗憾的是，固定工作也不会给你带来安全感。你肯定知道，有些人忠心耿耿地为一家公司效力了很多年，但最终还是面临被解雇的局面。

世道已经变了。如今，**唯一的安全感就是你能创造价值并从该价值中得到回报**。一旦你创建了自己的企业，你就明白什么才是真正的安全感。我第一次创业失败是因为合作伙伴的关系，但即使如此，我只用了几周就东山再起，重新创办了一家新企业。

你要对自身业务技能进行投资，因为这是你人生中最大的投资。如果你能用互联网开拓业务，那你就掌控了自己的命运。在你拥有的业务技能中，最能给你带来回报的就是推销自己的能力。而产品发售公式是当今最好的销售模式，这一点应该不会让人感到意外。

不断充实自己是史蒂芬·柯维所说的成功人士的七个习惯之一。偶尔，你要远离工作，花点时间充实和放松自己。如果你一天24小时都在工作，那就不能保持高水准的工作效率，因为没人能一直以巅峰状态工作。遗憾的是，我见过许多企业家都只知道工作，根本没有其他生活爱好，他们一天都没有休息过。

企业界有一则关于创业的经典笑话：有了自己的企业，你只需要工作一半的时间——要么白天，要么晚上，随你选！显然，这种工作方式不健康。长此以往，你的企业和你的生活都会备受牵连。这不是过好日子的秘诀。

有时，长时间工作在所难免，尤其在刚刚创业的时候，但如果你从不放松一下自己，那就是在做一件错误的事情。乔·波利希用养马来做比喻：如果你拥有一匹价值百万美元的比赛用马，你就会无微不至地照顾它，让它吃好，拥有充足的睡眠，仔细监督它的训练，给它一个干净舒适的马厩，并经常给它检查身体。

对人生和企业而言，你的身体就是那匹价值百万的骏马，难道它不值得你付出同样的关爱吗？我不想把这件事与信仰扯上关系，但我们大多数人都会同意"人生只有一次"这种观点，至少从人类的现有形态而言，这句话是正确的。

那么，你打算怎样度过这宝贵的一生？你会关爱自己那价值百万美元的身心吗？你会确保自己吃得健康且有营养吗？你会保证充足的睡眠吗？你会参加户外运动吗？你有没有进行冥想、拉伸或做瑜伽等有益身心的活动？有没有定期做身体检查？

工作更长时间并不能解决你所遇到的问题，你要以更聪明、更高效的方式工作，而充实自己、经常放松身心是关键。

摆正心态：有波折，才会有浪花

即使你成为一名企业家，也无法避免生意场上的波折。实际上，无论你是不是企业家，都要遇到人生的高潮和低谷。对大多数人而言，当他们成为企业家以后，人生的起伏就变得更加剧烈了。

我们大多数人都不会为了某样东西而放弃自己的人生，我们喜欢控制命运的感觉，我们想拥有创造力，想成为人生的大赢家。但同时我们也知道，我们不会每次都是赢家，我们总有失败的时候。

每当人生遭遇跌宕，我的朋友丽莎·赛萨维奇喜欢说："我们在爬喜马拉雅山。"作为企业家，我们所经历的巅峰和低谷与其他人相比，有过之而无不及。在外人看来，企业家犹如无所不能的超级英雄，但实际上，我们的人生与升斗小民没有什么不同。

这意味着我们要摆正心态。如果我们有一份固定的工作，即使一两个星期没收入也没关系，因为在大多数情况下我们都有收入。但如果我们经营的是自己的企业，我们就必须给自己的团队发工资，要对他们的人生负部分责任，这要求我们克服恐惧的能力。

我和其他人并没有什么不同，我的人生也有过跌宕起伏，但我想出了一些对策。当我不在巅峰状态时，我会做一些事情让自己振奋起来。每个人都有自我振作的方法，当我把自己的方法和学员的方法进行对比时发现，许多方法是共通的。

以下是对我而言很管用的方法，你不妨借鉴一下：

锻炼身体。这个方法最有效。没有什么比心跳加速更能改变我的状态。户外运动比在健身房锻炼更有效。

　　冥想。与锻炼身体的效果非常接近。没必要把冥想弄得太复杂，只要闭上双眼，专心呼吸。每次冥想 5 分钟即可，但 20 分钟效果会更好。

　　到户外去。走出家门，亲近大自然。这个方法能够让我打起精神。

　　冒一次险。骑山地自行车，畅快淋漓地花一天时间去滑雪或漂流，或者徒步、参观博物馆、去旅游等。

　　服务他人。做点与他人有益的事情。当你用无私的行为帮助别人时，就不太可能心情低落。

　　心怀感激。当你学会对生命中那些美好而容易被忽略的事物心存感激时，你就会很快振奋起来。花点时间，坐下来，把上天对你的恩赐写下来，不要把它们当成理所当然的东西。

这就是我的方法，或者说一部分方法，与你的方法可能有所不同。我是个内向的人，如果你很外向，你的方法可能和我大相径庭。重要的是，当你沮丧时，你要意识到这一点，并想办法让自己振作起来。

做你最擅长的事

　　我的朋友丹·苏利文常常谈论独特天赋这个话题。你来到这个世界上，是否感觉到自己有一件或两三件要完成的使命？有没有什么事情能让你全身心投入，以至于感觉不到时间的消逝？在你所做的事情当中，哪些在别人看来很难，但对你来说却轻而易举？如果有，这些就是你擅长的事情，或者说你在这方面有独特天赋。

经营企业时，你要做自己最擅长的事，不要把时间花在那些对你而言很困难的事情上，发挥你的优势而不是劣势。然后聘请员工来做你不擅长的事情，就算你对此很精通，要知道精通与擅长是两码事。重申一遍，如果其他人比你更擅长做这些事情，你只要聘请他们来做就好了。最终，你只要从事符合自己天赋的工作即可。

你在符合自己天赋的领域花的时间越多，对你和你的企业、你的客户以及这个世界的贡献就越大。

你最缺乏的是专注力。这个世界会想尽办法干扰你，电话、电子邮件、短信、社交媒体以及更多的事物会让你无法专注于该做的事情。

很多人一起床就看手机、收短信、查邮件、浏览各种社交媒体。这是一个巨大的错误，因为手机里等待你的是别人的待办事项。**如果你一大早就看手机或查电子邮件，那你就对自己的日程失去了控制力。**总有电子邮件或手机信息等着你回复，而一旦你开始回复，你这一天都无法控制了。

你应该在每天早上陷入别人为你安排的事情之前，专注于一些有价值的活动。什么是最有价值的活动？就是那些你拥有天赋的事情。

我在上一章已经提到这点，与你喜欢的客户共事或者为他们提供服务是热爱生活的表现。我经常听到人们抱怨他们的客户，但事实上，这些客户都是他们自己选的。请记住，如果你想换客户，那你就得换行业、换产品、换宣传内容，并改变你的市场营销策略。吸引客户的人是你，决定要和他们共事的人也是你，所以你要做最好的选择。

我最高端的客户是铂金智囊团的成员，我喜欢和他们待在一起。这是一个小规模的团队，我每年都要和他们见几次面，而且这个团队的名额非常有限，在加入之前，每位成员都要经过严格的筛选。每次会面结束后，我都感觉自己比会面之前更加充满活力。实际上，我在制定工作计划时，会尽量把与铂金智囊团成员的会面安排在大型的研讨会之前，因为我知道，智囊团的会面结束后，我会更加精力充沛地出现在会议上。写这本书时，我已经和铂金智囊团一起走过了四年的光阴，我和许多团员从一开始就相伴至今。

我想说的是，要开发什么样的客户，你自己说了算。你可以通过选择市场、选择产品和营销策略来确定自己的目标客户。在这方面，你千万别妥协。产品发售公式的真正作用就是吸引更好的客户。现在，快去寻找你需要的客户吧！

刚开始创业时，我幻想自己能一手创办企业。我觉得这样能让我的生活变得简单起来。我相信因为我做的是互联网业务，卖的是电子产品，所以不需要任何团队，我也能把生意做起来。

于是，在进入这个行业的前10年中我确实没有聘请任何员工，也没有把业务承包给其他人。但现在看来，这完全是个错误，它阻碍了业务的发展，这就像一个两岁小孩在逞能："我可以一个人搞定！"

单打独斗做不了大事，如果你尝试过，你就会发现自己在一些超出个人天赋领域的事情上耗费了太多时间。一旦你组建团队，事情必然会变得更加复杂，这无可避免。你要成为团队的领导者，如果你暂时没这种才能，就要多加学习，因为在许多事情上，你都要给团队成员一个交代。

我的朋友埃本·帕甘曾提出明星员工策略，就是只聘请那些在某一领域中最顶尖的10%的人。这个策略会让事情好办得多。但事实上，你可以把这个比例再缩小一些，只雇用1%的顶尖人才。

明星员工能让你的生活变得更轻松。他们是自我驱动型的员工，不需要太多监督和培训，他们的人生也不会有太多戏剧性事件。如果他们技能超群，但人生过于戏剧性，那他们就不是明星员工。

当你越来越成功时，对你来说，有一个字会比其他任何词汇都更重要，那就是"不"。**沃伦·巴菲特说过："成功人士与非常成功人士之间的差异在于，后者更善于对所有事情说'不'。"** 在第12章里，我曾说过机会成本是商业中最重要的考量之一，现在我们需要从个人角度谈谈机会成本问题。当你越来越成功，个人能力越来越强，并承担起领导者的角色时，别人就会觉得你更有吸引力。这种事是自动发生的，根本由不得你做主。如今，全世界都出现了领导力真空，那人们就会寻找那些值得他们追随的领导者。

于是，越来越多人和越来越多机会出现在你人生中，许多机会很有吸引力，如果它们早点出现的话，你的人生或许就此改变。但在接受这些机会之前，你一定要非常小心。你要越来越懂得选择，越来越善于说"不"。无论任何事物，如果它不能让你迈向未来，不能让你实现更远大的目标，那它就会使你偏离原来的方向。

我并不是说你不该和别人交朋友，也不是要你放弃那些曾帮助过你的人和事，更没有说你不应该帮助别人。但是，你一定要十分注意自己的时间和精力，因为每当你接受一个新机会，就对另一个机会关上了大门。

赠人玫瑰：互联网时代离不开共享

我在1996年开始发售免费的股票投资资讯时，另一个网站也在刊登类似的内容。虽然我们瞄准同样的利基市场，但我们的网站却截然不同。他们的资讯是收费的，而我是免费的；他们的网站看上去非常专业，我们的网站则显得有些业余。其实，那时候我没钱购买域名和网路主机服务,网站挂靠在一个免费服务器上面。

对手网站的老板叫弗兰克·科勒。我时常访问他的网站,我仔细研究过网站上的所有内容。我最大的梦想就是拥有一个类似这样的专业网站,并像他那样发售收费资讯,但我却不知道怎样才能做到这一点。我不懂建立网站所需的技术,也没钱请人来做,更不知道如何卖产品。最重要的是,我根本没有信心说服别人来买我的东西。

可是有一天,我收到了弗兰克发来的邮件,他问我怎么把股票分析图放到网站上的,那封邮件让我大为震惊,我惊讶于弗兰克居然知道我是谁,而且还知道我有一个网站。但换个角度来说,弗兰克是我的直接竞争对手。他就像是可口可乐,而我就像是百事可乐(其实,我更像是一瓶不带标志的可口可乐)。我们所处的行业完全相同,我网站上的股票分析图是唯一能给网站带来访问量的东西。在今天,在网站上贴一张股票走势图是一件再简单不过的事情,但在当时,情况完全不一样。我投入了不少时间、精力和金钱,才弄清楚如何在网站上放那些分析图,它们是我最主要的业务资产。

因此,收到弗兰克的邮件后,我一直犹豫该怎么处理。我应该把自家的商业秘密告诉他,还是拒绝他?或者对他的邮件视而不见?

最终,我决定帮他摆脱困境。如果我能够想办法把图表放上网站,他肯定也能做到。为了做到这一点我经历了无数的尝试和失败,既然如此,我又何必让他重蹈覆辙?于是,我花了20分钟,把我创建和张贴图表的整套方法写下来,然后给弗兰克回了封邮件。

几分钟后,我收到了弗兰克的回复。他感谢了我,并告诉我他有着多年的线下资讯发售经验,而且他对线上资讯发售做过大量测试。他跟我分享了许多与这些测试相关的信息,包括一些关键的定价测试。他对我说,如果我想发售收费资讯,他很乐于帮助我。

在看到邮件的那一刻,我意识到我的人生彻底改变了。我意识到,我们活在一个全新的世界里,在许多情况下,合作比竞争更重要。多年以后的今天,我想用共享丰硕成果来形容这种现象。

简而言之,你可以在共享思维和资源稀缺思维之间做个选择。你要做出明智的选择,因为你的选择会影响到生活的各个层面。按照我的经验,如果你选择了共享思维,它会给你带来许多快乐、成就感以及内心的充实。

几个月后,弗兰克真的帮我发售了收费资讯,他的建议和经验给了我极大的信心,我最终把这些资讯推向了市场,并取得巨大成功(这就是我在第 1 章里提到过的销售业绩为 34 000 美元的产品)。几年后,弗兰克厌倦了资讯发售行业,他把那些付费订阅资讯的客户资料全部转给了我。我把这些客户接过来,全心全意为他们服务,从中赚了不少钱。而这一切都要归功于我给他帮的那个小忙。

我认为,如果你一直选择共享思维,与别人共享成果,那你就会快乐很多。这是我的核心信念。除了更加快乐之外,你的业务会增长得更快,规模变得更大,吸引更多优质的客户和合作伙伴,并对这个世界产生更积极的影响。

在我看来,过去 10 年间,没有什么创业体系比产品发售公式更能给人们带来惊喜。在本书前面几章,我已经向你详细介绍过产品发售的流程,换句话说,我已经给了你创业的工具。

常言道,能力越大,责任越重。我已经给了你足够的能力,剩下的就看你自己的了。有一点你要记住,即创业成功并不一定能让你的人生幸福和圆满。结局悲惨的企业家比比皆是。你既要创业,也要让人生充满精彩,这才是秘诀所在。圆满的人生不是偶然得之,做到这一点需要你把心思投入到自己创建的业务和营造的生活方式上。

塞巴斯蒂安·奈特出生在加勒比地区的瓜达卢佩，该地区的官方语言为法语。如今，他已经移居到了法国。在 2010 年，塞巴斯蒂安第一次参加了我的培训，从那时起，他一直运用产品发售公式进行创业。刚开始时，他主攻法国的恋爱秘籍市场，也就是教害羞的男性接近女性并跟她们约会。后来，塞巴斯蒂安转而教说法语的人士在线创业。如今，他被人们称为"法语营销专家"。塞巴斯蒂安曾发售过几十次产品，并建立了规模庞大的业务。事实上，他是法语世界最优秀的在线发售专家之一。

与任何一名创业者一样，塞巴斯蒂安是在努力之后才达到今天的成就。但与此同时，他也建立了一种属于自己的生活方式。迄今为止，塞巴斯蒂安做过的两件大事就是完成了他未婚妻塞西尔的两个梦想：一是在世界各地跳舞，二是环游世界。

去年，塞巴斯蒂安和塞西尔花了六个月的时间环游世界，这一路上，他们一直都在跳舞。他们去了澳大利亚、巴西、印度、阿根廷、南非、泰国、杜兰戈和纽约。当他们在印度旅行时，塞巴斯蒂安向西塞尔求婚，她答应了！

在旅途中，塞巴斯蒂安每周只工作一天。他的业务模式和我一样，完全虚拟化，所以他可以在世界的任何地方工作。他们旅行的费用来自他发售的其中一款产品，而且他还准备用产品发售赚来的钱支付两场大规模婚礼的费用（一场在法国，另一场在瓜达卢佩）。

塞巴斯蒂安最高兴的事情是，他的朋友和家人目睹了他的成功后，也以他为榜样，开始创建属于自己的业务。

第 14 章
出发，什么时候都不晚

2005 年，沃克推出产品发售公式之后不久，美国营销界断言"产品发售公式太强大了，强大到足以摧毁它自己"。10 年后，沃克用 5 亿美元的销量回击对方"我的死亡被夸大了"！

以上就是产品发售公式。现在轮到你上场了。这个流程已经被反复验证过数千次，我的个人成就和几家公司都建立在我在本书中教给你的知识之上。事实上，几个星期前我还发售过一款产品，而它将成为另一次成功的开始。这一切都要归功于我在本书中所描述的策略。

更重要的是，我的客户也是通过运用了这一公式，才创造了五十多亿美元销售额的传奇。他们的业务范畴涵盖了你能想象得到的每一个利基市场，产品也各种各样，从铁笼格斗技巧到冥想研习班，从报税服务到军乐队配件，不一而足。

谣言粉碎机：产品发售公式之死

当我在2005年首次推出产品发售公式培训课程时，在线营销的圈子仍相对较小，这行业的大多数参与者都相互认识。几个月之后，有人开始谈论"产品发售公式之死"了。产品发售公式推出不足一年，有家主流媒体就用这个词来形容它的前途了。"内部人士"称，产品发售公式太强大了，强大到足以摧毁它自己。传统观点认为，一旦市场上的每个人都看过一两次产品发售过程，那产品发售这个概念就不再起作用，因为我们的最大敌人就是我们自己。

从那时候起，产品发售公式反而越来越壮大，前途越来越光明，所以应该用一句更恰当的话来形容它，那就是"我的死亡被夸大了"。

产品发售公式的前景到底如何？军事及商界领导人几乎都推崇《孙子兵法》。这本书诞生于几千年前的中国，但这并没有妨碍世界各地新一代的领导人反复阅读它，因为这本书谈的是战略，而不是战术，战略不会过时。

产品发售公式之所以一直发挥作用，正是因为它以战略为导向。我也教过大家许多战术，但这只是产品发售公式的一个组成部分，它们为整个产品发售公式服务。坦白说，战术会不断变化。比如，在我刚开始发售产品时，流媒体格式还没有出现，博客也还没有出现，更别提社交媒体和在线研讨会了。但如今，我们的产品发售已经用上了所有这些工具。

工具会改变，战术会改变，而战略会持久不变。与你的潜在客户保持紧密联系，这个策略永不过时。培养人们对某个事件的期待，这个策略永不过时。社会认同感、权威感、团体感、互惠心理等心理诱因永不过时。在要求人们购买你的产品前，通过给他们创造巨大价值以培养你的影响力，这个策略也永不过时。至于你运用这些战略的方法和手段，则已经发生了改变，并且会一直处于变化之中，而产品发售公式会一直发挥作用。

在1994年的某一天，我收到一份名为《把你的电脑变成印钞机》的产品广告。现在，我承认这份广告的名字起得很烂，但那时候它确实紧紧抓住了我的注意力，于是我阅读了里面的内容。那时候的我就是这则广告的目标客户，当时我正处于全职奶爸阶段，生活入不敷出，所以无论任何形式的挣钱机器，我都迫切地想要得到它。

那份广告是通过电子邮件发送给我的，篇幅很长，大概有 10 页。读完邮件后，我甚至想再读一遍，于是我启动了家里的点阵式打印机。那台打印机很慢，广告的内容却很长，我有种错觉，认为觉得那封邮件似乎永远也打不完。

接下来的一周里，我把那则广告看了又看。它的内容是关于写一些特别报告，然后在网络上出售这些报告，它还谈到自主出版和信息直销。

对我而言，这个想法简直难以置信。然而，既然出版行业已经存在了好几个世纪，那么它应该有利可图。我认识一些小型的独立出版商，他们的生意似乎很赚钱。例如，我买的关于皮艇漂流和山地自行车的畅销书籍，都是由小型出版商出版，而这些出版公司都是由全职妈妈或全职奶爸经营的草根企业。

但另一方面，我从未创过业，也没有出版过什么书籍，虽一想到要做销售，但却没有任何销售经验。如果要我列出个人最不喜欢的职业选择，销售可能会排名榜首。

我还面临着另外一个大问题，《把你的电脑变成印钞机》售价 99.5 美元。那个时候，玛丽有一份政府资助的工作，我们一家四口的生计全靠玛丽的收入支撑着。除去必要花销，我们家一年只剩四百多美元闲钱。把一年可支配收入的 1/4 花买培训课程上感觉像一场巨大的冒险。

但那份广告言之凿凿，它的理念也很有道理，而我急需改变。我花了整整一周时间，翻来覆去地看那则广告。每天晚上入睡之前，我都会思来想去，纠结于它是否适合我。我能出版什么东西？有人会买吗？我能持之以恒吗？这会成为我人生的另一次失败经历吗？

或许你也有过类似经历，在人生的岔路口迟疑不决。很多时候，面临决策，我总会拖延耽搁。但这一次，我很快采取行动了。我把所有疑虑抛在一旁，把订单填好，然后发了出去。

少有人走的路

美国诗人罗伯特·弗罗斯特有一首优美且脍炙人口的诗歌，这首诗关于如何作出选择。或许你会觉得，把回复电子邮件广告牵扯到诗歌上有些荒唐和夸张，但那次行动的确让一切变得不同。

99.5美元换来的东西很简单，只有一张3.5英寸的软盘，内容是一些直销信息类产品的基础知识，且大部分都是关于如何在Compuserve和美国在线（AOL）网站销售产品。在20世纪90年代初，这两个网站可是在线服务的鼻祖。

关于信息产品的观点或许有些老生常谈，但却给我开辟了一个全新的世界，让我知道了什么是直销，以及如何创建以信息为基础的在线业务。对我而言，这个世界如此美好。虽然金钱和成功并没有接踵而至，甚至可以说来得步履蹒跚，但它们最终如约而至。如果我当初没有回复那封邮件，恐怕你今天就看不到这本书了。

几年前，我给《把你的电脑变成印钞机》的作者和出版商希拉·丹齐格写了封邮件。我告诉她，她的产品对我的人生产生了深远的影响。我带着愉悦的心情发出了这封邮件，第二天就收到了她的回复。她对我的来信感到由衷的高兴，尤其当她知道她的产品给我带来如此大的帮助后，就更加兴奋了。

我完全知道这种感觉，因为我每周都能从产品发售公式的学员和客户那里收到类似的电子邮件和评价。就在今天早上，我收到一封来自弗朗兹·威斯鲍尔的邮件。他是一名富布莱特（Fulbright Scholar，中美两国政府间的教育交流项目，创建于1946年，以发起人美国参议员富布莱特的名字命名。——译者注）学者，同时也是一名在奥地利维也纳行医的内科医生，在超声波心动图方面有着丰富的临床经验。2010年，弗朗兹和同事托马斯·宾德一起搭建了一个在线培训平台，专门教医生和超声检查工作者解读心电图。

弗朗兹的培训课程要求学员出差三个周末来参加培训，每次培训500美元。也就是说，弗朗兹的产品发售与本书中的其他产品发售不同。当弗朗兹和托马斯第一次用希望营销法推出这个项目时，销售额并不客观。他们的产品非常了不起，但销售情况却不尽如人意，无法成为一项可持续发展的业务。

后来，弗朗兹在某个场合听到我谈论产品发售，于是报名加入了我的培训班，并借助产品发售公式重新推出了他的网站。这次发售获得了空前成功，他的业务发生了彻底的转变。

弗朗兹的成功并没有到此为止，如今，他的业务规模比在使用产品发售公式之前增长了10倍。销量并不是衡量业务成功的唯一指标，尽管它很容易计算，但数字常常不能描绘出事物的全貌。另一个衡量指标就是产品所带来的影响，也就是那些接受过弗朗兹培训的医生和超声检查工作者所拯救的生命的数量。

这种连锁反应让我非常兴奋，甚至令我彻夜难眠。我教弗朗兹发售产品，然后他的产品课程帮助了成千上万的医生，拯救了数以万计的病人。这些病人进入了人生新篇章，谁又知道他们会对这个世界带来什么积极影响呢？

下一步就看你的了。我写本书的首要目的是向你介绍产品发售的整个过程，第二个目的则是让你意识到你也能发售产品。我的学员来自各行各业和全球各地，我已经看到这套公式一次又一次地在他们身上发挥作用。

关键之处在于，你要迈出第一步，然后一步一个脚印地前进。既然我可以从一个毫无创业经验的全职奶爸变成千万富翁，你肯定也能做到。既然约翰·加拉赫可以从领取政府救济粮到收入六位数，你肯定也能做到。既然塔拉和大卫·马里诺可以从丧子之痛中走出来，实现几十万美元销售额，你肯定也能做到。

别指望在第一次发售产品时就赚到百万美元，也别指望取得我在本书中跟你说过的那些惊人的成就。别拿你的成绩与我的百万美元产品发售相比，而要与我第一次发售产品时的所取得的 1 650 美元的销售额相比。

你要预想到自己会犯一些错误，并从中学到经验。你要预想到许多工作等着你去做，还要预想到自己会遇到一些挫折，有时还要加班到深夜。此外，你还要预想你的第一次产品发售将会是难忘的经历。

这是一趟奇幻之旅。在这趟旅程上的每一步，我都不断把目光放长远，不断为自己寻找一个更远大的理想。我无法确定产品发售公式的发展方向，但我一直与我的学员紧密合作，帮助他们在每一个你能想象得到的利基市场拓展业务和发售产品。

如今，我的一些学员开始在非营利行业运用产品发售公式，还有些人则要求我把它应用于企业界。

我确定的一件事是，我会很乐于听到你发售产品的消息。正如我上面说过的那样，我喜欢听别人成功的故事，因为它们能让我永葆青春、不知老之将至。很早以前，我就赚够了钱。我本可以放慢生活步调，进入半退休状态，但现在，我写出了这本十几万字的书，因为我想与更多人打交道，包括你在内。

产品发售公式久经考验，它会适合你。你只要执行我在书中罗列的步骤即可。首先，建立你的客户群；其次，利用我在本书提到的会员网站上的额外资源；再次，要关注我的博客，与产品发售公式社区的其他人多沟通。最后，记得给我写邮件，把你的成功故事告诉我。

我的电子邮件地址：jeff.plf@gmail.com

本书的会员网站：http://thelaunchbook.com/member

我的个人博客：http://www.jeffwalker.com

致谢

从我做成第一笔生意到现在,时间已经过了18年。这段岁月犹如一趟奇幻之旅。我时常觉得奇怪,为什么我的运气这么好。但我并非靠单打独斗取得这样的成就,这一路有许多人帮助过我,我始终对他们心存感激。

我要将此书献给我的妻子玛丽,她一直坚信我能成功,并且坚定不移地支持我,这种信任让我震撼至今。我还要将此书献给我的两个孩子丹尼尔和琼,他们很了不起,能成为他们的父亲是我的光荣。

我还要将此书献给我的爸爸妈妈。他们给了我无尽的爱,为我的人生打下了坚实基础。还有吉姆、詹妮·玛丽和乔恩,是他们成就了我。

感谢维吉尼亚,尤其要感谢乔·杰布隆斯基,当其他人都在奇怪我为什么要在家带孩子的时候,他们坚定地相信我。我还要特别感谢凯瑟琳·杰布隆斯基,在早些年,当一切都不确定的时候,她用各种方式坚定地支持我。

我还要感谢很多了不起的人……

感谢雷德·崔西、布莱恩·库尔茨和里克·麦克法兰,你们给本书提供了重要的反馈信息,并帮助我完成前几章的构思。感谢斯科特·霍夫曼、布兰登·伯查德、迈克尔·海厄特和克里斯·哈达德,你们为本书的整体写作思路提供了反馈意见。感谢维多利亚·拉巴尔默，她坚持不懈地为本书提供了开阔的视野。

感谢我的整个超级铂金智囊团，他们在各方面为本书的写作提供了思路，并让我主导了这个漫长而痛苦的写作过程。

本书得以付梓，要感谢我的出版商摩根-詹姆斯出版公司。无论我遇到什么难题或者延迟交稿，他们都能优雅地处理好这些突发状况。感谢大卫·汉考克、里克·弗利希曼和马戈·图鲁兹。非常感谢我的责任编辑维姬·麦克康恩，她在本书交付印刷之前做了大量的修改和润色工作。

在创业初期，我得到了很多人的帮助，包括谢拉·丹齐格、迈克·里德、弗兰克·科勒、保罗·迈尔斯以及唐·卡西迪。

约翰·里斯和亚尼克·西尔弗告诉我，我要把产品发售技巧教给别人，约翰把这个技巧称为产品发售公式。这个建议改变了我的人生，也改变了世界。

这些年来，我结识了许多了不起的合作伙伴、导师和教练，他们当中大多数人成了我的挚友，这些人包括：我的教练丹·苏利文和他的妻子芭贝斯、托尼·罗宾斯、埃本·帕甘、弗兰克·科恩、保罗·科尔霍、杰夫·约翰逊、里奇·舍弗伦、莱恩·戴斯、迪恩·格拉希奥西和迈克·费尔赛默，给我提供创作灵感的安迪·詹金斯和史蒂文·普莱斯菲尔德。我的 DWD 同伴丽莎·赛萨维奇，汤姆·库尔泽、克里斯·奈特、夏琳·约翰逊与布莱特·约翰逊、布莱恩·克拉克与索尼娅·西蒙尼、唐·克劳德、玛丽·弗里奥。我的同学迪恩·杰克逊、乔·波利希、约翰·卡尔顿、迈克·科尼格斯、肯尼·鲁特与特拉维斯·罗塞尔、杰森·范·奥尔登与杰里米·弗兰德森、克里斯·扎瓦道斯基、杰森·默法特、亚罗·斯塔拉克、佩里·贝尔切尔、

JB·格罗辛格、兰迪·卡辛汉姆，以及所有精英，奥德利·兰福德与吉姆·兰福德、约翰·罗德斯、克雷·科林斯、雷伊·爱德华兹、杰夫·穆里甘、艾德·戴尔、大卫·泰勒、蒂姆·卡特、埃里克·瓦格纳、马丁·霍维、查尔斯·珀罗斯、杰森·波塔什、帕姆·亨德里克森。我的 HW 社区同伴，查尔斯·理查兹、格雷格·克莱门特、特雷·史密斯。我的 FT-Talk 社区同伴，霍利·莱瑟、贝斯·沃克、香侬·沃克、安妮·玛丽·普拉特、丹尼斯·戈斯奈尔、布莱恩·萨克斯、特尔曼·努德森、马龙·桑德斯、玛丽·爱伦·特里比、大卫·弗雷、克里斯·阿特伍德、詹尼特·阿特伍德、约翰·詹特什、迈克·希尔、乔纳森·米泽尔、杰伊·亚伯拉汉姆、丹·肯尼迪、盖尔·金斯贝里。当然了，还要感谢 LFODMF 的伙伴们。

感谢黛安·沃克，她是一位出色的活动策划专家，我的每一个现场活动都由她策划。

不能忘记我的产品发售公式导师们，尤其是艾伦·戴维森、詹姆斯·克罗巴萨、马克·考德雷、里奇利·戈尔兹伯勒、休伯特·李、库尔特·科尼格斯、卢达罗，特别致谢马克·埃文斯。你们帮助我辅导学员，谢谢你们。

特别感谢泰德·帕斯特纳克，他让我举行的每一次产品发售活动都充满了神奇的魔力。我衷心感谢所有参与现场产品发售活动的志愿者，包括盖尔、莱斯利、梅尔、安东尼、迈克尔、杰里米亚、马特、丽贝卡、艾琳、辛迪、乔安以及加勒特。

我还要感谢比利·福斯特、布莱·恩迪尔和麦克·汤姆逊、克里斯·巴恩斯、保罗·维勒和里克·劳斯，我永远不会忘记乔恩·尼古拉斯。

假如没有我的团队的出色工作，我不会有今天的成就，也无法把产品发售公式带给世界。我的团队成员包括马克、玛丽、谢琳、丹尼尔、麦克、佩德罗、乔伊、切雷斯、拉里、JR 以及保罗。特别感谢贝蒂·桑普森，她就是公司的形象代表，更是行业客服标准的榜样。特别感谢克里斯滕·阿诺德，她不知疲倦地支持我，用她敏锐的眼光让我跟上时代的发展。感谢乔恩·沃克，我和他一起共事和玩乐的时间比任何人都长。

对铂金智囊团和超级铂金智囊团无以言谢，这些兄弟姐妹和我共同奋斗，帮我取得了巨大的成就，跨越了每一个看似不可征服的挑战。能够每天和你们在一起，这是我的福分。

产品发售公式使用者才是真正的明星，你们每一天都在激励着我前行，谢谢你们。

术语 汇总

请注意，某些术语有多重含义和不同用法，本术语汇总只给出它们在本书中的定义。

合作伙伴：帮助其他公司做推广，并按照销量获取佣金的公司或个人。请参照"联营伙伴"。

号召行动：当你要求或引导你的潜在客户做某件事时，就是在号召他们行动。这种情况适用于你要求对方做出某种承诺，例如成为订阅客户、发表评论、点击链接，或者购买你的产品。通常情况下，你发给客户的所有邮件末尾都应含有号召他们行动的内容。

了不起的循环模式：在种子式发售、内部发售与联营式发售之间循环变化的系统，后者在前者的基础上产生。

买家：某个已经从你这里购买产品的人（与在你客户名单上但还没购买你产品的潜在客户相对应）。

对话：某种促使你的潜在客户购买产品的营销活动。你已经要求你的潜在客户采取某种行动，而对话就是他们承诺采取行动的时候。它可以指某人成为你的订阅者或者购买你的产品。

顾客：请参照"买家"。

内部发售：只对你的邮件名单客户进行的产品发售活动，没有外部合作伙伴或联营伙伴参与。这是典型的按产品发售公式进行的发售活动，在本书前8章中有所描述。

联营伙伴：与"合作伙伴"几乎同义，但该词暗示着与合作伙伴的工作关系更密切。

联营式发售：主要由合作伙伴或联营伙伴推动的产品发售，他们让你的发售序列流量增加。

产品发售对话：你与潜在客户的互动（以及潜在客户之间的互动）。通常会出现在预售阶段。这样的互动能让你深入了解市场，包括客户对产品的反对意见以及你的哪些信息符合潜在客户的需求等。

产品发售清单：指客户电子邮件清单，它创建于预售阶段。

发售序列：指整个产品发售过程，包括预售内容和开通购物车。

名单：指客户名单，名单上的人是你的营销对象。他们可以是普通邮件客户、社交媒体客户或电子邮件客户。不过，在本书语境中，我们主要关注电子邮件客户名单。

名单主机：电子邮件挂靠服务，用于保存电子邮件或将电子邮件发送给名单上的客户。请登录 http://thelaunchbook.com/resources，"资源页"上有推荐的主机服务。

产品：你向潜在客户推广的产品。你的产品应包含可交付物品（包括额外好处）、价格、支付条件以及保修条款。

造势：即预售造势工作，这是预售序列开始前的热身阶段。

预售序列：在发售产品之前推出的一系列高价值内容，可以引起市场兴奋和预期。这些内容可以用不同形式表达，包括视频、PDF报告、电子邮件、博文等。

自然搜索流量：通过搜索引擎排名访问你网站的人数，也被称为自然流量。

开通购物车：指产品进行销售阶段。开通购物车可以指你开始接受订单的那一天或那一刻，也可以指你所发售产品的有效期。

订单页：你的潜在客户实际购买产品的页面。他们可以在这个页面上输入联系方式和支付信息，并点击"购买"按钮。通常情况下，销售页上有一个"添加到购物车"按钮或一个"立刻购买"按钮，点击这个按钮之后就会转到订单页。

自然搜索：请参照自然搜索流量。

付费搜索：在搜索引擎排名顶部或附近有一个付费排名广告，该广告通常是以类似于拍卖的方式出售的。

付费流量：类似于付费搜索，但它出现在非搜索引擎网站，例如社交媒体网站。

预售内容：你在预售序列发布的信息，它的形式可以多种多样，包括视频、PDF报告、电子邮件、博文等。

产品发售公式：一种具有无穷魅力的销售模式。

潜在客户：在你客户名单上或者关注你所在市场的人，他们还没有购买你的产品。一旦他们购买了你的产品，就成为买家或顾客。

排名：因为某个特定词汇，你出现在自然搜索列表上。它还可以用在常见的全球概念上，例如：丰富的内容有助于你在谷歌搜索引擎上排名靠前。

促销信：推荐某种产品的书面销售信息。

种子式发售：按照产品发售公式进行的简易发售活动，主要适用于你没有产品和现成客户的情况。如果你对新产品只有一个概念，并且想在投入时间开发这款产品之前测试市场的反应，也可以采取这种发售方式。

销售页：你的促销信或促销视频所在网页。

促销视频：推广产品的视频。

名单撷取页：个人网站上的一个简易网页，里面有一张供客户填写的订阅表格。登录该页面的访客只有两种选择：注册成为你的客户，从而看到更多内容，或者离开页面。我推荐了几款简易的名单撷取页，具体请登录 http://thelaunchbook.com/resources 参看"资源指南"。

远程论坛：一种电话会议，主持人可以对许多人发言。参与者只要拨通电话，输入 PIN 码，即可开始通话。论坛主持人拥有主导权，他可以在主持电话会议的过程中让其他人保持静音。远程论坛可以用于教学或展示材料，也非常适用于销售演示。请登录网站 http://thelaunchbook.com/resources，查看"资源指南"，里面有我推荐的远程论坛服务。

网络主机：你的网站挂靠服务。请登录网站 http://thelaunchbook.com/resources，查看"资源指南"，里面有我推荐的网络主机服务。

网络研讨会：类似于远程论坛，但通过网络呈现，参与者可以看到主持人的电脑屏幕。经常用于展示 PPT 或 Keynote 文件。登录网站 http://thelaunchbook.com/resources，查看"资源指南"，里面有我推荐的网络研讨会服务。

中资海派出品
为精英阅读而努力

**以真诚的社交互动激发
消费者对品牌的持续追捧**

◆ 宝洁旗下的品牌——秘密，原本已被挤出女性用品市场，却因一则简单的广告销量激增85%，它是如何做到的？

◆ 巴塔哥尼亚，户外品牌中的Gucci，力劝客户勿轻易购买其产品的傲慢举动，为何能吸引更多客户买单？

◆ 连锁店遍布全球的帕拉纳面包，传递了怎样的正能量，使得单店平均销售额从110万美元飙升至240万美元？

社交时代，企业永续成功的秘诀只有一个——赢得客户信赖。这种信赖与病毒视频和热门推荐无关。精明的消费者会一眼识破那些换汤不换药的把戏，企业再也无法以引诱、恭维或哗众取宠来换取消费者的忠诚。

作者在《疯赞》中结合新锐研究成果、引人入胜的案例和实用操作建议，分享了企业在社交时代茁壮成长的秘诀。

[美] 鲍勃·加菲尔德
道格·莱维 著
陈书 译

中资海派出品
定　价：39.80元

**消费者更偏好融入了
企业精神特质的产品**

让消费者赞不绝口的互联网超额盈利指南

万人疯赞，千万人追捧的社交媒体营销宝典！

中资海派出品
为精英阅读而努力

[英] 戴维·刘易斯 著
张淼 译

中资海派出品
定　价：42.00 元

**每个"惊艳"的营销细节背后
都藏着一个诱惑"上帝"的心理学家**

◆ 为什么灯光明亮的蓝色商店能勾起强烈的购买欲？
◆ 为什么带有巧克力香气的言情小说更受欢迎？
◆ 为什么亚马逊和 Facebook 总能推送你"恰好需要"的产品？
◆ 为什么在收银台前，手机总是没有网络信号？

怎样像阅读一本书一样读懂消费者的所思所想？怎样将大脑运作机制的研究成果有效地应用于广告、营销以及零售领域？在大数据时代，这种"说服产业"已跻身空前重要的地位。戴维·刘易斯博士创造性地将神经科学理论应用于营销实践，通过探索人类大脑的敏感点，来发掘消费者挑选、购买产品的深层原因。传统推销术已成为过去，刘易斯博士揭示的广告及营销产业的秘密着实令人惊艳。

戴维·刘易斯（David Lewis）
神经营销学之父

戴维·刘易斯博士是营销咨询领域权威机构"国际思维实验室"的创始人兼首席心理学家。国际思维实验室是第一家从神经科学视角对消费主义进行研究的领军企业，客户包括索尼、思科、吉百利以及多家影视公司和出版商。

中资海派出品
为精英阅读而努力

对话，让你最直接地指导员工成长
沟通，让你最快速地成长为领导者

从主管到经理，再到CXO晋升路径上，不同级别的职场人士都在用4种对话：

建立关系 如何成为团队里不可替代的人？如何整合内外部关系网？如何征求上司的反馈意见？

培养他人 最优行动为何无法达成最优结果？团队文化如何改善业绩指标？个人的职业规划是否与组织目标一致？

做出决策 有效决策的4个原则是什么？如何决策更能展现领导力？如何引导大家寻找第三种方案？

采取行动 如何主动争取资源？如何给新晋主管当好教练？你的影响力半径有多大？

[美] 艾伦·S.伯森　著
理查德·G.施蒂格利茨
伍文韬　译

中资海派出品
定　价：48.00元

本书融合通用电气、可口可乐、宝洁、沃尔玛、博士伦、吉列、波音等众多世界知名企业在管理中遇到的真实案例，阐述了如何通过对话成批次地培养骨干力量，展现个人领导魅力。

通用电气、可口可乐、宝洁、沃尔玛等全球《财富》100强
企业人力资源总监精准高效
"选、用、育、留"高潜力士必读书目

批量复制干将，成为高潜力管理者，实现稳健晋升

"iHappy 书友会"会员申请表

姓　名（以身份证为准）：_____　　性　别：_____

年　龄：_____　　　　　　　　　　职　业：_____

手机号码：_____　　　　　　　　　E-mail：_____

邮寄地址：_____　　　　　　　　　邮政编码：_____

微信账号：_____　　（选填）

请严格按上述格式将相关信息发邮件至中资海派"iHappy 书友会"会员服务部。

　　邮　箱：zzhpHYFW@126.com

　　微信联系方式：请扫描二维码或查找 zzhpszpublishing 关注"中资海派图书"

	订阅人		部门		单位名称	
优惠订购	地址					
	电话				传真	
	电子邮箱			公司网址		邮编
	订购书目					
	付款方式	邮局汇款	中资海派商务管理（深圳）有限公司 中国深圳银湖路中国脑库 A 栋四楼　　　邮编：518029			
		银行电汇或转账	户　名：中资海派商务管理（深圳）有限公司 开户行：招行深圳科苑支行 账　号：81 5781 4257 1000 1 交通银行卡户名：桂林　　卡　号：622260 1310006 765820			
	附注	1. 请将订阅单连同汇款单影印件传真或邮寄，以凭办理。 2. 订阅单请用正楷填写清楚，以便以最快方式送达。 3. 咨询热线：0755－25970306 转 158、168　　传　真：0755－25970309 转 825 E-mail：szmiss@126.com				

→ 利用本订购单订购一律享受九折特价优惠。

→ 团购 30 本以上八五折优惠。